留守家庭教子经

钟淼淼　编著

江西科学技术出版社

图书在版编目(CIP)数据

留守家庭教子经/钟淼淼编著;—南昌：江西科学技术出版社,2010.6
ISBN 978-7-5390-3760-8
Ⅰ. ①留… Ⅱ.①钟… Ⅲ.①农村—儿童教育：家庭教育 Ⅳ.①G78
中国版本图书馆CIP数据核字(2010)第084893号

国际互联网(Internet)地址： http：//www.jxkjcbs.com
选题序号： ZK2010154
图书代码： D10057-101

留守家庭教子经 钟淼淼 编著

出版发行	江西科学技术出版社
社　　址	南昌市蓼洲街2号附1号　邮编：330009　电话：0791-6623491 传真：0791-6639342 邮购：0791-6622945 6623491
经　　销	各地新华书店
印　　刷	深圳市彩美印刷有限公司
开　　本	170㎜×230㎜　1/16
印　　张	13
版　　次	2010年9月第1版　2010年9月第1次印刷
字　　数	180千字
书　　号	ISBN 978-7-5390-3760-8
定　　价	24.80元

(赣科版图书凡属印装错误，可向承印厂调换)
赣版权登字-03-2010-5

序言

有这样一群孩子，当他们还嗷嗷待哺时，父母就远离家乡，到外地谋生；当别的孩子都在享受花样年华的时候，他们却被留在家乡，孤独地像荒草一样生长。人们给这群孩子起了一个酸楚的名字：留守孩子。

不知道“留守孩子”是谁发明的词语，也不知道它最早是从什么时候出现的，总之，这些年这个词语频频出现，也频频地刺痛人们的眼睛。根据权威调查，我国目前留守孩子的数量超过了6000万人。57.2%的留守孩子是父母一方外出，42.8%的留守孩子是父母同时外出。留守孩子中的79.7%由爷爷、奶奶或外公、外婆抚养，13%被托付给亲戚、朋友，7.3%为不确定或无人监护。这6000多万留守孩子牵涉成千上万的家庭，他们的教育和成长是一个大问题。这看似与我们毫不相干，可是谁又能无视他们的存在和对将来社会的影响呢？

儒家传统讲“父母在，不远游”。我们现实的状况却是孩子在，父母游。因留守而缺少家庭的亲情温暖，因父母的远离而丧失家庭教育的环境，这是留守孩子在家庭教育上所面临的困境。

父母外出打工后，与留守孩子聚少离多，沟通少，远远达不到其作为监护人的角色要求，而占绝对大比例的隔代教育又有诸多不尽人意之处，这种状况容易导致大多数留守孩子“亲情饥渴”，心理健康、性格等方面出现偏差，学习、生活均受到严重影响。

那么，如何为留守孩子创造良好的成长环境？如何让这些孩子与其他同龄人享受同样的蓝天和阳光，让他们能得到正确、健康的教育？这是父母和临时监护人必须重视的问题。

《留守家庭教子圣经》通过一个个生动、典型的案例故事，对留守孩子心理健康、行为品性、学习能力、生活习惯等多方面的特点和问题进行了认真的剖析，并从教育学、心理学、社会学等方面提出了解决这些问题的方法和途径，对留守孩子的家长而言，是一本非常有价值的家庭教育自主读物。

这本书能顺利和各位读者见面，首先要感谢江西科学技术出版社的各位老师，是他们给了我有力的支持和鼓励。

此外，本书在编著过程中，还得到了王瑞卿、颜加兵等众位好友的帮助，在此一并致谢。

编者

2010 年 5 月

读者信箱：miaomiao801026@vip.sina.com

目录

第三章　留守孩子的青春哀愁

第四章　留守孩子的学习问题

第五章　培养留守孩子正确的生活习惯

第六章　教会留守孩子与人交往的艺术

第七章　学会自我保护：让留守孩子免于意外伤害

第一章 走进留守孩子的内心世界

爸爸妈妈，你们在哪里？

留守孩子常常会因为非常思念父母，而产生强烈的不安全感，也常常会由于生活和学习上的种种挫折而感到非常无助，一心想念父母，因而做什么事都不能安心，特别需要父母的关爱。

方华小学三年级那年，父母便外出打工了，方华只能和年迈的奶奶在乡下的老家相依为命。由于奶奶年老耳聋，可怜的方华平时连个说话的人都找不着。每当夜深人静的时候，他总是蒙着被子偷偷哭泣，因为，他实在太孤独了，太想念爸爸妈妈了，他多想像其他孩子那样天天赖在妈妈的怀抱里撒娇呀，多想和爸爸一块儿玩“骑大马”的游戏呀……但这一切都只能在方华的梦境中出现。爸爸妈妈已经离家打工三年了，在这漫长的三年中，他们都没有回家探望过小方华一次。

转眼间，方华已经上六年级了，他现在最大的愿望就是爸爸妈妈能回来参加自己的小学毕业典礼。让方华喜出望外的是，爸爸已经打电话答应了他这个愿望。就这样，方华天天数着指头盼望着毕业快快到来，盼望着被爸爸搂在怀里的那一刻。

弹指一挥间，距离方华毕业还有一周了。可这天，方华接到了爸爸从外地打来的电话：“乖儿子，我可能不能回去参加你的毕业典礼了……厂里要赶一批订单，我不能请假，如果请假就可能会丢掉这份工作，没了工作，还怎么有钱供你上学呀？所以……”爸爸在电话那头无奈地解释道。

而电话这头的方华此刻已经泪流满面，他多日来的等待现在已经成了泡影，他生气地冲着电话大喊：“骗子，爸爸是骗子，我讨厌你……”说完后，他重重地挂掉了电话。

爸爸或许根本不知道，他已经深深伤害了孩子那颗稚嫩的心灵，这种伤害会伴随孩子很久，很久……

相信每个留守家庭的孩子都和方华一样，希望能和父母在一起，有一个完整的家。这些孩子看到其他的孩子放学后有父母接，回家了有父母宠爱，而自己只能和年老的祖父母在一起，自然会想念爸爸妈妈，特别是在遇到生病、作业不会做、与小朋友闹矛盾等种种问题的时候。

留守孩子常常会因为非常思念父母，而产生强烈的不安全感。这些孩子也常常会由于生活和学习上的种种挫折而感到非常无助，一心想念父母，

因而做什么事都不能安心，特别需要父母的关爱。如果父母继续在外务工，对他们的要求不理不睬，他们很可能由此产生难以愈合的心理障碍。只有得到父母的亲自爱抚，才能使他们跨过挫折阶段，步入正常的学习和生活。

那么，留守家庭的家长们应该如何处理孩子的思念问题呢？如何才能不伤害孩子幼小、稚嫩的心灵呢？

首先，家长们必须加强与孩子的沟通和交流，让孩子体会到父母的爱。

父母要把孩子的教育和成长放在第一位，尽量留一方在家照顾孩子的学习与生活，保证家庭教育的完整性；如果父母都外出打工，最好把孩子带在身边，这样便于照顾和教育。

如果父母外出务工，没有条件带孩子的话，就必须加强与留守孩子的沟通。在沟通时间的分配上，外出务工的父母最好能做到每个星期给孩子打一次电话，与孩子交流一次。如果经济允许，可以在一个学期中间回来一次，寒暑假把孩子接到身边，这样，亲子互动与沟通的时间与机会就比较多，并且具有一定的连贯性。在沟通的内容上，不能只谈学习、考试，而应更多地关心他们在生理、心理与情感等方面的问题，更多地关注他们的所思、所想、所为。在交流沟通的方式上，除了电话联系外，最好用书信的方式，这对孩子的情感发展非常有帮助。有些留守儿童通常是通过写日记的方式来抒发和宣泄自己内心的秘密与不满，如果父母经常与子女有书信交往，子女就可以把父母当作倾诉的对象。

其次，要重视孩子的心理健康教育和意志力培养。留守儿童由于远离父母，容易产生亲情饥渴，在遇到困难时通常会感到孤单、无助。因此，父母和监护人需更加重视他们的心理健康，教育孩子树立崇高的理想和坚定的信念，教会他们不怕困难，正视挫折，善于分析，勤于动手，千方百计去战胜困难，赢得最后的胜利。此间，要让他们感到父母和亲人时刻在关注着自己，是自己的坚强后盾。

最后，留守孩子临时监护人必须转变错误的教育观念。对孩子的教育不能只停留在人身安全和吃饱穿暖上，还要特别重视在日常生活中锻炼孩

子的意志，关注他们的心理健康。高度关注孩子学习成绩的好坏、行为习惯的养成、心理和精神上的需要，使孩子全面发展。

温情小贴士

据相关调查：31%的留守孩子与父母不是经常联系；与父母双方经常打电话的占20%；父母经常给孩子打电话只占45%。

父母亲情是儿童心理健康发展的根本元素。这种东西是任何事物都无法代替的。然而，现在很多外出务工的父母们，有的由于没有教育知识和教育经验，有的因为生活所迫，很少关注孩子的学习和心理。有的父母打电话一听孩子学习不认真、不听话就大骂孩子，给孩子带来了恐惧心理；有的父母虽然在孩子身边，但由于家务忙没有时间关心孩子，对孩子的学习不辅导，对孩子的生活不关心。这样父母与子女的感情越来越淡，影响了孩子的心理健康，给他们幼小的心灵留下阴影。

我就是中心

作为留守孩子的家长和临时监护人，要从小培养他们先人后己、大公无私的优良品质，一旦发现孩子出现以自我为中心的性格，就要及时帮助其克服，给予纠正。

自从刘铮的父母到外地工作以后，刘铮便开始做起了家中的“小霸王”。他在家里可以随意向爷爷奶奶发号施令，而两位老人也处处“配合”这个“小霸王”，如果刘铮说一的话，爷爷奶奶绝不会说二。就这样，刘铮渐渐形成了自私自利、处处以自我为中心的性格。

这天，刘铮在院子里和邻居小天一起玩“警察抓坏人”的游戏，起初两人玩得挺高兴，可没过一会儿，刘铮便和小天为谁当警察，谁当坏人的问题争执起来。

只见刘铮指着小天的鼻子，理直气壮地说道：“你现在在我家的院子里玩，你就必须听从我的指挥，所以，我应该当警察，你只能当坏人。明白吗？”

“哼，哪有这种道理？刚才你已经当过一次警察了，按理说，这一次应该轮到我当警察了，你怎么这么霸道？”小天质问道。

谁知刘铮白了小天一眼，神奇地回了一句：“我就是这么霸道，怎么了？这是我的地盘，你就得听我的！”

“你……我以后再也不和你这样的人一起玩了，你太不讲理啦！”小天说完后，气冲冲地离开了刘铮家的院子。

晚上，刘铮得意地把自己气走小天的事情和爷爷奶奶说了一遍，谁知，两位老人居然连声夸赞孙子做得对，爷爷甚至还表扬刘铮道：“你真有霸气，以后一定是个做领导的料！”

听罢爷爷的赞扬，刘铮越发得意忘形了。

哎，刘铮以自我为中心的性格如果再这样肆意发展下去，他长大后，怎么能与人进行正常的交往呢？还会有谁愿意与他交朋友、打交道呢？

大多数留守家庭的孩子身上都有一个很明显的特征——“以自我中心”，他们动辄谈“我”，动辄强调自己的心情、自己的利益，而无视别人

的感受。显然这将在无形中给他们与人交往造成严重的阻碍。

造成孩子以自我为中心的原因主要还在于家长本身，由于留守孩子的父母长期外出打工，这些孩子缺乏良好的家庭氛围和教育，容易形成任性自私、处处以自己为中心的性格。此外，不完整的家庭也是造成的这种现象的原因。在社会学的视野中，不完整的家庭较难提供规范化的互动模式。完整家庭是长幼有序、相互妥协的互动模式，这样的家庭能使少年儿童学会在伦理等级次序中按照固定的伦理规则行动，从而使他们学会妥协、学会忍让、学会按照次序与规则行事，否则就会受到惩罚。但是留守孩子往往因为其身份特殊，临时监护人往往不忍用强制手段迫使他们遵守相关的规范，从而使其骄纵任性、自私自利、以自我为中心、不愿与他人共同分享利益与情感，因而容易为大众所孤立、抛弃。

令人担忧的是，留守孩子以自我为中心的性格还会引发另外一个问题，那就是过于陷入自己的情绪当中，从而忽略了作为一个社会人生活在周围的环境中必须具备的责任心、感恩心等。孩子一旦以自我为中心，就将无法调整自己，最后将导致无法适应环境。一个以自我为中心的人，在精神上势必会形成“我是唯一”的认识，那么，在他看来，这个世界就要顺从于他，一旦遇到困难，他也只会埋怨外界，从而阻止了自己对自己的反省和检讨。而且，以自我为中心的人注定是脆弱的，也许别人不经意的一句话就会对他构成伤害。这样的孩子精神不成熟，又如何期待他能够获得长远的发展呢?

所以，作为留守孩子的家长和临时监护人，要从小培养他们先人后己、大公无私的优良品质，一旦发现孩子出现以自我为中心的性格，就要及时帮助其克服，给予纠正。具体的方法如下:

1. 留守孩子的家长和临时监护人要树立与孩子地位平等的观念，不能过分照顾他，那种凡事尽可能去满足孩子要求的做法是不可取的。孩子是

一个独立的个体，他的前途主要是他自己的事情，大人只能帮助他，而不能总是围着孩子转，要淡化孩子的以自我为中心的感觉。

2. 大多留守孩子的性格都很孤僻，不喜欢与人相处，所以，作为孩子的临时监护人要鼓励孩子参加集体活动。日常生活中，家长和临时监护人要利用各种机会，教育孩子学会与人分享。比如，出外游玩遇到花或游乐设施等美好的事物时，大人应趁机告诉孩子，这些东西是别人贡献出来与大家一起分享的，只有大家共同分享，每一个孩子才能过得快乐。慢慢地，孩子就能从中明白与人分享的道理，从而改变以自我为中心的坏习惯。

3. 对孩子进行同理心教育。古语云：“己所不欲，勿施于人”。我们也常说：“吃亏是福”。大人们总怕孩子未来走上社会吃亏，所以就会不自觉地将社会上一些阴暗的东西说给孩子听，其实这样会使孩子幼小的心灵形成对社会的戒备心理，加之以自我为中心的思维习惯，最终将造成这个孩子和别人的交往问题非常严重。所以，要想让孩子克服这个心理问题，最好的法宝就是“同理心”，遇事多让孩子想一想：“假如别的孩子也对你这样，你会怎么想?”，让孩子学会站在对方的角度考虑问题，逐步克服以自我为中心的思维习惯。

4. 学会倾听孩子的心声。教育是双边行为，一边教，一边受教，家长和临时监护人善于倾听留守孩子的心声，是施教成功的重要因素。倾听的前提是尊重孩子和具有民主意识。生活中，许多临时监护人能做到无微不至的爱孩子，却做不到尊重孩子、允许孩子发表不同的意见。大人应该明白，孩子虽小，也是家庭中一个平等的成员。凡事听听孩子的想法，只有好处，没有坏处。孩子的心灵，是一个丰富多彩的世界，这个世界与成年人有很大不同。在留守家庭中，临时监护人更要创造一种能使孩子充分吐露心声的气氛。孩子的话，不管多么幼稚，大人都要有耐心倾听，并且在倾听之后，分析孩子的愿望、要求，引导、鼓励其积极的成分。而对于孩子一些不妥当的想法，则应该采取摆事实讲道理的方法，引导其提高认识。

孩子仍然不明白的，先允许孩子存疑，等待时机再进行引导。

温情小贴士

处处以自我为中心是一种人格缺陷，这样的人在社会交往中碰壁后会陷入懊恼和痛苦之中，从而诱发抑郁症、焦虑症等心理疾病。

因此，当发现留守孩子有以自我为中心这种性格倾向时，家长和临时监护人必须让孩子学会礼尚往来，学会在必要时做出点让步，加强自我修养，学会控制自我的欲望与言行。要告诉孩子：只有学会尊重、关心、帮助他人，才可获得别人的回报，从中也可体验人生的价值与幸福。此外，临时监护人还可与孩子一起协商制定一些“家庭条规”，帮助孩子建立良好的生活习惯和行为规范，让他们学会关心别人的感受，体会关心他人的乐趣。

灰色的自卑心理

家长和临时监护人既要锻炼留守孩子坚强的意志品质，使他们将失败和挫折变为激励自己前进的动力；又要注意培养孩子的自信心和自尊心，使他们具备“别人能做到，自己也能做到”的积极向上的心理品质。

陈丹是一个留守家庭的孩子，她从小学二年级起便被寄养在叔叔家里。从小寄人篱下，使得小陈丹的内心非常敏感，性格很自卑，她始终觉得在同学和亲戚家孩子的面前是抬不起头的。

记得陈丹上小学五年级那年，班主任把她叫到办公室，对她说："我想推选你当班干。"

可陈丹却哭着拒绝了，老师感到很纳闷，便赶忙问其原因。

陈丹委屈地告诉老师："我放学后要帮婶婶照顾小堂弟，有时连学习的时间都没有，如果当了班干的话，我就更没时间学习了……另外，我的性格不像其他同学那样开朗、活泼，我有时都不太敢在大家面前说话，我这样的人怎么能当班干部呢？老师你还是另找他人吧？"

陈丹的一番话让老师很是惊讶，她压根没有想到平时诚实、稳重的陈丹居然是这样一个毫无自信心的孩子。老师爱怜地对陈丹说道："你是个好孩子，所以老师才会想到让你当班干部。你为什么对自己这么没信心呢？"

"我……我真的不行，我比不上其他人，老师你还是别勉强我了……"陈丹用近乎哀求的口吻说道。

"好吧，可你要记住，尽管你没有生活在父母身边，可你仍然是个懂事的孩子。"老师鼓励道。

"嗯。"陈丹低声地点了点头，随后便匆匆地离开了办公室……

和陈丹一样，留守孩子的自卑心理比较普遍。据一项相关调查显示：17.91%的留守孩子因为父母不在身边，总是害怕被人欺负，内心压力较大，情绪消极，绝大部分存在比较严重的自卑感。其实，这种自卑心理的背后是存在很多原因的。

首先，最为明显的原因就是亲情的缺失。由于父母外出，有的几年不归，有的音讯渺茫，有的孩子甚至数年见不到父母。在漫长的期盼与等待中，对许多留守儿童而言，爸爸妈妈很大程度上仅仅是个称谓。记忆中父母的音容消逝殆尽，留守孩子从小缺少父母关爱，他们成了某种意义上的孤儿或单亲孩子。这些孩子缺乏对外部世界的安全感和信任感，这种情感欠缺严重影响了他们与别人的社会交往，并容易出现性格缺陷和自卑等心理障碍。

其次，监护不周、重养轻教是造成孩子自卑心理的另一重要原因。留守孩子有的是由祖父母照顾，有的寄养在亲戚或朋友家中，有的根本就无人监护，兄弟姐妹一起生活，父母只负责寄点生活费回来。祖辈家长虽然有充裕的时间和足够的耐心照顾孩子的生活，倾听孩子的叙述，在照顾孩子方面，存在着一定的优势，但还是弊大于利。因为祖辈对孙辈一般都比较溺爱疼爱有加，但教育不足，亲戚朋友由于精力不足，责任心有限，更是无法严格教育孩子。留守孩子大多不愿意与代养人进行心灵沟通，与祖辈在一起时只是看看电视，不怎么说话。与亲戚朋友更是没什么话说。而无人监管的孩子在教育方面更是一片空白，他们只能独自面对生活中遇到的各种挑战，许多留守孩子在同学、伙伴面前自然会觉得低人一等，毫无自信可言。

想要从根本上消除留守孩子的自卑心理，家长和临时监护人必须做到：

第一，要弄清留守孩子自卑的原因。孩子自卑，往往是因为自己生活在缺乏亲情关爱的留守家庭中，在人面前觉得抬不起头。所以，父母和临时监护人要引导和教育孩子对自己进行积极、正确、客观的评价，并且让孩子认识到自己虽然成长在留守家庭中，但自己不比任何人差，只要自己努力，也一定会和正常家庭的孩子一样出类拔萃。

第二，帮助留守儿童在生活和学习中树立自信心，让他们在各种困难和挫折面前相信自己的能力是克服自卑心理的关键所在。作为临时监护人要善于发现这些孩子的闪光点，并及时给予表扬。著名教育家苏霍姆林斯基说："世界上没有才能的人是没有的，问题在于教育者去发现每一位孩子的禀赋、兴趣、爱好和特长，为他们的表现和发展提供充分的条件和正确的引导。"事实上，只要每个孩子相信自己的才能，他就会引以为自豪，树立自尊心和自信心。

心理学家威廉·詹姆斯说："人性最深刻的原则就是恳求别人对自己的关怀。"临时监护人要对留守孩子细心观察，对于他们学习上、生活上的困难给予热情帮助，让他们感受到类似于父爱和母爱的温暖，燃起希望之火，树立生活、学习的信心。

第三，家长和临时监护人既要锻炼留守孩子坚强的意志品质，使失败和挫折变为激励其前进的动力，又要注意培养孩子的自信心和自尊心，让他们具备"别人能做到，自己也能做到"的积极向上的心理品质。

温情小贴士

想要让留守孩子克服自卑心理，家长和临时监护人必须鼓励孩子学会与人交往，扩大交友圈子。

很多自卑的留守孩子性格比较孤僻、内向，不合群，常常自己把自己孤立起来，少与周围人群交往。由于缺少心理沟通，易使心理活动走向片面。这些孩子如能多与同学和朋友交往、共同玩耍，便可以感受他人的喜、怒、哀、乐，丰富生活体验。通过交往，可以抒发被压抑的情感，增强生活勇气，走出自卑的泥潭；通过交往，可以增进相互间的友谊、情感，使留守孩子压抑的心情变得开朗，自信心得到恢复。

内心冰冷的小孩

代理监护人还要积极改善与留守孩子的关系，不要用伤害的语言或消极语言批评孩子。多给孩子一些温暖，关注孩子的生活、学习和健康，每天抽时间与孩子游戏、散步、交谈，使孩子心中得到爱的满足，建立安全感。

小静的父母都在国外工作，她从小便生活在爷爷奶奶家。虽说爷爷奶奶对小静的照料无微不至，可老人们却很少与孩子谈心、聊天，因此，小静的内心世界几乎是封闭的。

在学校里，同学们给性格孤僻的小静取了个外号——“冰块儿”。这个名字便是小静性格的真实写照。凡是集体游戏小静都没有兴趣，情愿一个人独自玩耍；每次一有校运会或是合唱比赛这些需要全班同学参加的活动，她总是借故请假，对集体的工作不热心；在学校的各类评比检查中，班级获得了荣誉，同学们兴奋不已，“冰块儿”却显得很冷漠；同学之间相处时，小静也总是一个人独来独往，和同学难得讲上一句话，而大家也不太愿意和这么一个“冰块儿”打交道，没有谁愿意和她做朋友。

再过几天就是小静12岁的生日了，爷爷奶奶提议给她举行一个生日聚会，可却被小静冷冷地拒绝了。

奶奶不解道：“生日聚会可以请很多同学、朋友来家里帮你一块儿庆祝呀，这是多么快乐的事情呀，你怎么不愿意呢？”

“我的生日为什么要请一堆无聊的人来家里闹呢？另外，我也没有朋友，我不需要别人帮我庆祝。”小静淡淡地答道。

小静的回答让奶奶感到很忧心，她实在无法想像一个12岁的孩子居然没有一个朋友，可她还是慈爱地说道：“哦，那我们就听你的，咱谁也不请。”

“嗯。”小静还是淡淡地应了一声，然后便走回了自己的房间。望着孙女的背影，奶奶无奈地叹了口气……

大多留守孩子的性格都孤僻内向，内心冰冷，喜欢拒人于千里之外。这些孩子之所以形成这样的个性，是因为他们自小不能生活在父母的身边，尽管有的是爷爷奶奶和其他亲戚监管，但毕竟是与父母亲疏不同的，因而

遇到一些麻烦事情会显得柔弱无助，久而久之变得不愿与人交流，性格孤僻内向、不开朗。

性格孤僻的孩子，会因对周围的人产生一种不信任感而向父母、家人、老师及同学关闭心灵之窗。如果不及时加以引导而任其发展，对孩子的身心健康将非常不利。孤独的孩子在集体中必定孤单，如果长期在孤独中生活，会影响他们的心情和情感。长期心情不佳对身体的影响很大，心情异常会使大脑皮层的正常活动受到损坏，失去平衡，结果导致皮层下中枢神经活动的紊乱，造成消化系统、血液循环系统、呼吸系统、内分泌系统等发生紊乱以致病变。孤僻、孤独往往与抑郁做伴，对孩子的身心健康有害。

孤僻的孩子往往多疑。他们大多很内向、不活泼，不愿与人交谈，而看到别人交谈又容易起疑心，怀疑是在说自己，有疑心又不去问，总在心里闷着，这样既影响情绪，又影响学习和生活。

引导留守孩子以积极的心态对待生活是家长和临时监护人的首要职责。那么如何帮助留守孩子纠正孤僻的性格呢?

首先，留守孩子的代理监护人要和睦相处、互敬互爱，使孩子生活在温馨、和谐的家庭环境中，更好地感受家庭的温暖，让他们身心得到健康的发展。

代理监护人还要积极改善与留守孩子的关系，不要用伤害的语言或消极语言批评孩子。多给孩子一些温暖，关注孩子的生活、学习和健康，每天抽时间与孩子游戏、散步、交谈，使孩子心中得到爱的满足，建立安全感。

其次，为孩子创造与外界交往的机会。父母和临时监护人要尽可能地创造条件让孩子与同伴多交往。比如：父母每年都要尽可能地回家探望孩子一到两次，争取和孩子有多一点相处的时间，多带孩子到公共场合玩或常带孩子走亲戚、访朋友；临时监护人平时也可以请孩子的小伙伴到家中来和孩子一起玩。在这些活动中，有意识地增加孩子与人交谈的机会，让他感受到与人交往的快乐。

再次，要注意与老师合作。父母和临时监护人可将孩子孤僻的情况告诉老师，请老师平时多接触自己的孩子，多关心他，多与他交谈，多让他参加集体活动，多给他创造表现自己的机会，让留守孩子体会到集体的温暖。

还要发挥同伴的作用。临时监护人可以请求老师帮助孩子选定一个活泼开朗、有一定的领导能力的好朋友，让孩子在自己好朋友的影响下，积极地改变其性格特点。

最后，帮助留守孩子建立良好的伙伴关系。很多留守孩子孤僻、不合群，有时是由于不能听取他人的意见、缺少合作意识造成的。因此，要帮助孩子改变以自我为中心的心态，学会听取别人的意见，分清是非。如：临时监护人可经常询问孩子在学校是否过得开心，了解他们的学习和生活情况，让他们学会谅解、关怀别人。

此外，还要帮助留守孩子与他人建立友谊。古人说："独学而无友，则孤陋而寡闻。"孩子的健康成长离不开健全的朋友关系。孤独是人类的不健康的情绪情感体验，战胜孤独是孩子们健康成长、正常发展的前提。要让孩子知道，友谊永远是生活中不能缺少的阳光。和朋友们分享自己的快乐，分担自己的痛苦，这样才会真正体会到生活的滋味。

温情小贴士

留守孩子性格孤僻还与其体质弱有密切的关系，孩子体质弱就会缺乏活动的耐性和持久性，就容易被同伴奚落和蔑视，处于这种状态的孩子会回避社会、回避人际交往，用孤僻来保护自己。

因此，建议临时监护人要尽可能地多带孩子投身到大自然中去，如游

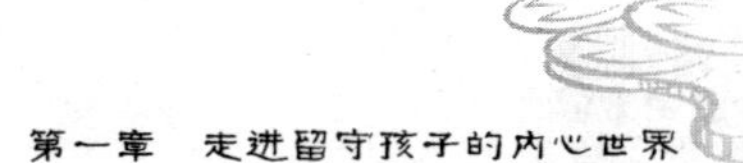

览参观、登山、游泳等。这样，一来可以培养孩子勇敢、乐观的精神和持久性，增强孩子体质，使孩子能参加各种集体活动，使其内心不再孤独，从而使性格变得开朗、外向；二来可以培养与孩子的感情，让孩子体会到与父爱、母爱一样的亲情之爱，使他感受到家庭带来的温暖。

让孩子挣脱怨恨的“枷锁”

父母是孩子的第一任老师，也是伴随他们一生的老师，这个地位是无人可以取代的。这既说明了父母在孩子教育中的重要作用，也说明在孩子的教育中父母拥有的最高决策权，也就是说只有父母才能对孩子的教育负最终的责任。

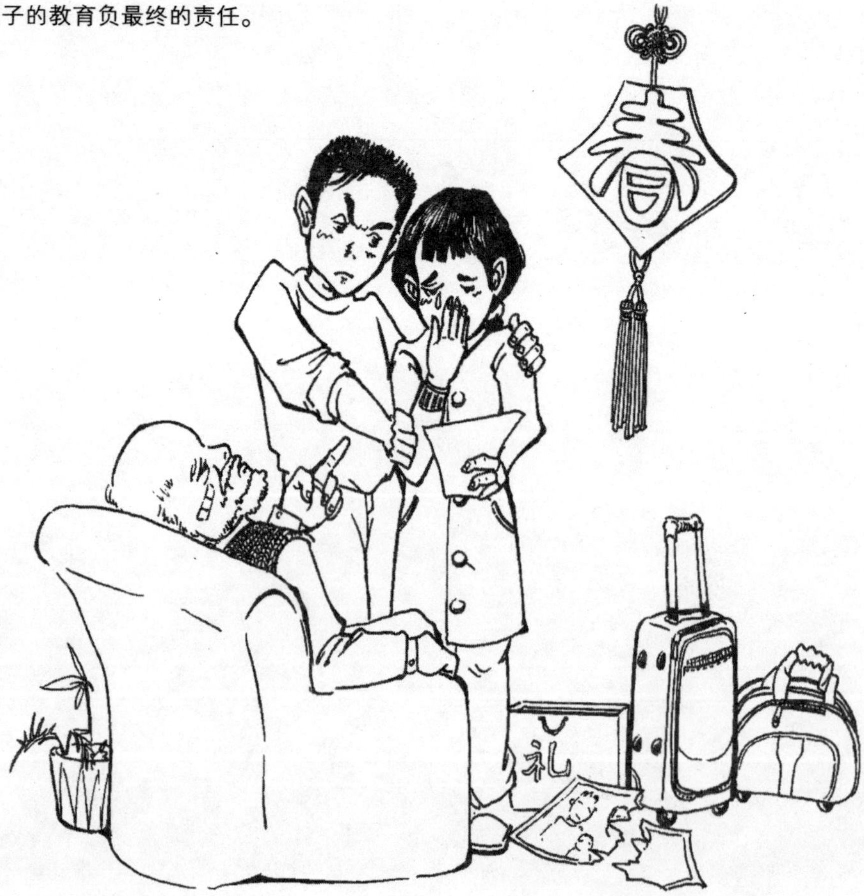

在乔宇4岁那年，他的父母便由于生计外出打工了。在乔宇的记忆中几乎找不到任何自己与爸爸妈妈在一起的画面，曾经有一段时间，他甚至认为自己是个无父无母的孤儿，直到他上小学那年，爷爷把一个叔叔带到他面前，并且告诉他："这是你爸爸。"那一刻，乔宇才意识到自己是有父母的。尽管这样，爸爸妈妈对于乔宇而言只是一个代号而已，因为，他们除了按月给家里寄生活费外，没有给予乔宇任何关爱。

日复一日，年复一年。乔宇在没有父母疼爱的环境下渐渐长大了，他对父母的感情也从思念转为了怨恨，他恨爸爸妈妈的狠心，恨他们没有对自己的成长负责，有时候，他甚至把这种怨恨情绪发泄在了年迈的爷爷身上。

这年春节，乔宇的父母终于回家探亲了，可乔宇却给他俩留下张字条后，离家出走了。那张字条上这样写道：

"……你俩别以为回家看望我一次，我就必须得喜出望外。你们这些年来除了给我寄点臭钱回来，几乎对我不闻不问，你们尽到为人父母的责任吗？我恨你们，打心眼里怨恨你们。你们把我生下来，却没有好好把我养大，如果可以选择，我真希望别出生在这样的留守家庭。你们知道作为一个留守孩子会受多少委屈吗？知道我这些年来流过多少泪吗？我恨你们，恨极了……"

留守家庭的孩子大多强烈渴求父母的爱，当看到周围的孩子与父母生活在一起，而自己的情感却无法得到满足，就会开始怨恨自己的出生，怨恨外出的父母，怨恨家庭的分离，进而发展到怨恨他人，放弃学习、自暴自弃，成为令人头痛不已的"问题孩子"。另外，还有少数留守孩子认为家里穷，父母无能耐，才会出去打工挣钱。对父母外出打工而把自己留在家里不理解，由此产生怨恨情绪，从而产生情感隔膜。有的孩子在父母回家后疏远父母，甚至埋怨父母的无情。

父母与留守孩子的这种感情危机在程度上分为三个阶段：第一阶段，

感情疏远，即产生心理距离，孩子不愿意与父母沟通；第二阶段，感情对立，即孩子经常有与父母作对的行为发生；第三阶段，敌视父母，即从内心深处不接纳父母，把父母看成是自己所有烦恼、痛苦的根源，是自己最不喜欢的人。孩子敌视、怨恨父母必然导致家庭教育的失败。

如何才能使这些特殊的孩子转变对父母的怨恨态度，挣脱这无形的“枷锁”呢?

第一，父母平时在外地应多与孩子联系，尽量多创造条件与孩子在一起，尤其要注重“亲子沟通”的质量。在沟通、交流中，应该培养孩子一定的是非观念，让孩子明白父母是为了给他们将来创造更好的生活、学习条件才去打工的，虽然不能常陪伴在自己身边，但这不是不爱他们，而是对他们更深沉的爱。

父母还应告诉孩子外出打工的辛苦，教育孩子从小要像父母一样不怕吃苦，并为有这样爱自己的父母而感到自豪。这些道理的讲解，对于越小的孩子越要结合父母的实际行动，例如：可让孩子去实地参观、感受一下父母的工作；通过邮寄书、玩具、新衣、贺卡等方式让孩子感受到父母的关爱。

第二，外出打工的父母应加强与老师、抚养人的联系。父母是孩子的第一任老师，也是伴随他们一生的老师，这个地位是无人可以取代的。这既说明了父母在孩子教育中的重要作用，也说明了在孩子的教育中父母拥有的最高决策权，也就是说，只有父母才能对孩子的教育负最终的责任。因此留守儿童的父母应该明白，不管自己身在何处，都应发挥自己在孩子教育上的能动性，应主动协调抚养人、老师等多方面的教育力量，使孩子更健康地成长。

第三，临时监护人既要做这些“问题孩子”思想道路的引路人，又要做他们学习进步的引导者、生活的保护者。要做到“三多”、“二知”、“一沟通”。“三多”，即多与留守儿童谈心，弥补留守儿童的亲情缺失；多鼓励支持孩子参加学校的各项活动；多进行与学校老师联系，了解孩子在校活动和学习的情况。“二知”即知道留守儿童的个人基本情况和家庭情况。“一沟通”即定期与留守儿童父母电话交流沟通，并采取针对措施，提供必要的帮助。用关爱、亲情为留守孩子营造温馨的家园氛围。

第四，家长和临时监护人应该让留守孩子从小就在思想感情上热爱和尊敬父母，对父母的养育之恩心怀感激爱戴之情；要让孩子在行为态度上虚心接受父母的忠告和教诲，对父母有礼貌；要让孩子懂得关心父母，为父母分忧解难；要让孩子体谅父母之所以外出务工的难处和种种艰辛，从而化解掉心中的怨恨。

温情小贴士

父母和临时监护人要让留守孩子掌握一些必要的行为礼仪，让孩子学会感恩，从而杜绝其产生怨恨父母、长辈的不良情绪。

要督促孩子在日常生活中反复练习，养成习惯。当孩子冲动的时候，如果发生了对长辈无礼的举动，如发脾气、摔东西、不理睬等，父母和临时监护人一定要严加管教，严肃批评，耐心说服，使孩子认识错误。尤其不放过“第一次”，严格把关。迁就容忍只能招致更多的过错，使孩子养成不良习惯。

帮助孩子合理缓解心理压力

孩子承受压力是有一定限度的，过重也会使孩子喘不过气来，背上沉重的包袱。家长们要从关心留守孩子出发，有爱心、有耐心地与他们多谈心，做孩子的知心朋友。

近一段时间，巧巧的心理压力非常大，她常常会有一种喘不过气的感觉。过大的心理压力让巧巧日渐消瘦……

这个周末，叔叔来家里看望巧巧和奶奶，当他一见到巧巧，便心疼地摸了摸孩子的小脸蛋，问道："孩子，你生病了吗？咋瘦成这样了？"

"嗯……我挺好的。"巧巧细声细气地应道。

"哪里好呀……"一旁的奶奶插话道，"这孩子最近不知怎么搞的，饭不好好吃，睡眠质量也差，我都担心死了，哎……"

"巧巧，我觉得你一定有什么心事，你能告诉我吗？"叔叔柔声地问孩子道。

这时，巧巧轻轻地叹了口气，对叔叔说道："还有几个星期就要进行期末考试了，我特别特别在意这次考试，因为爸爸对我承诺过，只要我今年期考能进前十名，他和妈妈就会回家陪我一段时间。所以，这次考试对我很重要。可不知怎的，我觉得压力好大，这种压力让我越来越无法承受了。"

听罢巧巧的诉说，叔叔心中已明白一二，于是，他微笑着说道："原来是这样呀，照我看，你给自己太大的压力了，可每个人的承受能力是有限的，压力过大的话，人会崩溃的。今天，你就给自己放个假吧，待会儿叔叔带你去公园散散步，让你纾缓一下心中的压力，如何？"

"我也想出去走走……可我还有功课没做完呢。"巧巧有些犹豫。

叔叔拍拍巧巧的肩，说道："你今天就好好给自己放个假吧，让那些功课都见鬼去吧！你现在最首要的任务就是让自己心中的压力完全释放，懂吗？"

"呵呵，好吧！"巧巧点头笑道。

大部分留守孩子的基本生活照料虽有所保证，但其内心情感方面的要求却极易被忽视，这种家庭关爱的缺失使其情感需求难以满足。由于地理空间上的长期分离、日常联系的松散以及相聚时间的短暂，使得留守孩子与外出父母在

情感上的距离逐渐拉大。此外，家庭内部成员之间交流沟通的匮乏和情感支持的不足对留守孩子的内心世界也会产生深刻影响。

据调查，留守孩子普遍感觉孤独无助，心理压力过大，37%的留守孩子经常不想跟任何人说话，30%的留守孩子经常感到孤独。可以说，家庭关爱的不足对留守儿童性格的发展和人生观的形成带来了不利影响。对此，留守孩子的父母及临时监护人除了满足他们的物质需要外，更要注重他们的精神、心理和情感等方面的需求，帮助其合理缓解心理压力。

留守孩子的进步需要一定的压力，一点压力也没有，往往会导致孩子不思进取，一事无成。但是孩子承受压力是有一定限度的，过重也会使孩子喘不过气来，背上沉重的包袱。家长们要从关心留守孩子出发，有爱心、有耐心地与他们多谈心，做孩子的知心朋友。只有这样，才能有效减轻孩子的压力，使孩子每天都有个好心情。

那么，家长们如发现留守孩子的心理压力过重，该如何帮助他们缓解呢？

1. 认真倾听孩子的心声

要想帮助孩子缓解压力，首先要了解孩子心理上有什么压力、压力是从哪里来的。所以，父母和临时监护人都必须听听留守孩子的倾诉，外出务工的父母要尽可能地抽出时间回家看望孩子，与孩子面对面地交谈，专心地看着孩子，认真地听他说话。

临时监护人更要与留守孩子做好沟通，学会倾听孩子的喜怒哀乐，只有监护人肯把心交给孩子，孩子才肯把心交给监护人。这样，临时监护人才能了解孩子心理压力的真实情况，才能够有针对性地来帮助他们。

2. 不要给孩子制订不切实际的奋斗目标

如果不顾孩子自身实际，只知道让孩子这个拿第一，那个得优秀，就会给孩子增加巨大的压力。还有的家长只让孩子学习，这也不让干，那也不让干，这也会让孩子感到压力。强大的心理压力有时是自己制造的，那就是不切实际的过高期望。

所谓期望值就是自己给自己定的指标。人如果期望值太低就会显得无所事事，因为不经努力就可达到，那是没有什么意义的。期望值太低，虽然没有什么精神压力，但生活的乐趣也没有了。人生只有在奋斗中才有价值。期望值过低，就失去了生活的价值。

但是过高也无价值，指标定得太高，拼命也达不到，只能造成失败。几次失败后就会造成精神压力，认为自己完了，没希望了，自己把自己压倒了。因此，家长对留守孩子的期望值要适中。

3. 尽量让孩子在事前有思想准备

承受压力的思想准备越强，承受压力的能力就越大，相对来说，压力本身就等于减小了。压力是我们生活中的一部分，人不可能一点压力都没有，生活中一点小小的压力或坎坷，只不过是错综复杂、变化多端的生活中的一个小小插曲，区区小事，何足挂齿呢？有了这种心态，就有了面对压力的气魄，压力自然也就小了。因此，父母和临时监护人平时要多与留守孩子谈心，告诉孩子要正视压力，让孩子有心理准备。

4. 和孩子一起分享自己的经验

大人们小时候一定也曾经遇到过和孩子类似的情况，当时是怎样对待的或现在遇到了什么难题又是怎样处理的，这些都可以用孩子通俗易懂的语言和孩子分享。当孩子知道了大人原来也常常会面对压力和烦恼的时候，他们对大人所说的话就比较容易听进去了。家长们告诉孩子自己怎样应对压力，实际上会给孩子树立一个很好的榜样，从而增强孩子克服压力的勇气和信心。

5. 让孩子学会排解压力

有时强大的精神压力来自于自己，难于摆脱。父母可以告诉留守孩子，如果感觉压力太大的话，可以请老师、同学、知心朋友帮助。找他们诉诉

衷肠，让他们给以安慰、开导，这样往往可以减轻精神压力。常言道："当事者迷"，在许多情况下自己陷进去，不能自拔，需要别人提醒、开导、拉一把；许多时候，自己的认识是片面的、偏激的、模糊的，别人一点就豁然开朗，感到"柳暗花明又一村"。

有时尽管不能彻底解决问题，但心中的疙瘩还是会小一些，精神上也会舒服一些。让孩子淋漓尽致地说出自己的委屈、忧愁、牢骚和怨恨，使其达到心理平衡，这对他们的生理和心理都有益处。

6. 关心孩子的成长

留守孩子大多是性格内向，不合群。因此，家长们要努力培养孩子广泛的兴趣爱好，鼓励他们多参加一些学校组织的课外活动，这对舒解孩子的心理压力是大有裨益的。最好不要强迫孩子去学这个、学那个，应该多听听孩子自己的意愿。家长们要付出爱心，多关心孩子的成长，多关心孩子的所思所想。

此外，要让孩子学会想办法来转移精神压力。

例如，让孩子多练字以及画画、弹琴、唱歌等等，把自己的精力引导到另一件事情上，缓解情绪，减轻精神压力。精神有了压力，情绪恶劣不要憋着，而要想法发泄。如可大声高喊、大声唱歌、哭出声来、往墙上踢球等等。发泄一下，心里就会舒服些，精神压力会大大降低。

温情小贴士

以下有两种有效的方法能帮助留守孩子缓解心理压力：

1. 教孩子冥想

经常冥想，可以使人达到一种超越自我的精神境界，也是一种很好的放松方法。只需要5分钟的时间，就可以暂时忘记烦恼，让人进入到一种全新的意境中。家长不妨带着孩子找个清净的地方，与他一起采用舒服的姿势坐下来，让其专注于自己的一呼一吸。刚开始，孩子也许把注意力集中于呼吸上而胡思乱想，不过没关系，只要能让他坚持一段时间，就会见成效。

2. 陪孩子散步

心理学家研究表明，短短几分钟的散步就明显有消除紧张的效果。家长不妨每天抽出半小时，带着孩子一起到公园或街心花园漫步。当孩子学会放慢紧张的脚步，他会突然发现原来周围一切都如此美好，心也会随之安静下来。

如何消除留守孩子的报复心

教育孩子重在沟通，而不是行为的保护。多给予孩子和伙伴玩耍的时间，也许他们会受欺负，会碰到挫折，但是他们也将学会通过自我调整来战胜这些困难。家长可以通过沟通来帮助他们，而不是把他们封闭起来、保护起来。

因为经常遭受同学张晓欺负，年仅10岁的留守儿童吴成遂生报复心理。经过周密的策划，吴成竟然在张晓家的水井投毒欲杀其全家。这是2007年9月15日发生在四川省某村的一起骇人听闻的投毒案。

吴成的父母常年在外打工，小小年纪的他只能靠体弱多病的外婆照料，由于家境比较贫寒，吴成在学校里经常受到“小霸王”张晓的欺负，张晓甚至还命令别的同学管吴成叫“没爹、没娘的野孩子”。面对大伙儿的欺负，吴成只能默默忍受，可每个人的忍耐都是有限度的，吴成在心中已经有了周密的“报复计划”。

9月14日上午，吴成用自己多日积攒下来的零花钱，到农贸市场购买了一大包耗子药，据卖药的老板介绍，这些药足以毒死上百只耗子。

当日凌晨3点左右，吴成悄悄地翻墙进入了张晓家的院子里，待他来到水井边，便掏出事先准备好的那包耗子药毫不犹豫地倒入了井里……

果然如吴成所期望的那样，那一大包耗子药“放倒”了张晓家里的所有人，好在抢救及时，才没有酿出人命。

数日后，吴成被办案民警抓获，当民警问其投毒理由，吴成冷冷地说道：“我恨死张晓了，真后悔没有毒死他们全家……”

大多数留守孩子的父母外出务工时，只是单方面考虑孩子的生活，将“养育”转化为“监管”，临时监护人却只重视孩子的安全、学习成绩，以便向父母交待，而忽视对孩子在生活习惯、思想交流、社会交往等方面的关注。因此在这些孩子的身上存在着诸多严重的心理问题：如感情脆弱，受不了一点批评和挫折，喜欢自暴自弃，或者性格孤僻、偏激等。更有甚者，极个别的孩子对他人、对社会已产生深深的仇恨，报复心极强。

孩子报复心强，这本身是一个人性格的问题，但究其原因，从心理学角度上来讲，这是孩子道德观发展碰到问题的一种表现。报复心是在社会交往中欲以攻击方式对那些曾给自己带来伤害或不愉快的人发泄不满的一种情绪体验。报复心理是一种不健康的心理状态，它不仅会对报复对象造成这样或那样的威胁，而且对孩子的心理健康也是十分有害的。

那么，家长该如何做出正确的引导以消除留守孩子的报复心呢？

首先，要重视选择代理监护人。父母双方都在外的，一定要安排在留守孩子心目中有影响力、有威信的亲属作为代理监护人，以便父母不在时让孩子感受到有人在看护他，关心他。尽量不要把孩子全权交给上一辈，一放了之，而是要为孩子努力营造一个良好的家庭教育氛围。

其次，要多让孩子与同龄的伙伴一起玩耍。教育孩子重在沟通，而不是行为的保护，应多给予孩子和伙伴玩耍的时间，也许他们会受欺负，会碰到挫折，但是他们也将学会通过自我调整来战胜这些困难。家长可以通过沟通来帮助他们，而不是把他们封闭起来、保护起来。要让孩子学会宽容，宽容是治疗报复心的最佳良药。

再次，要让留守孩子学会用动机和效果统一的观点去衡量一个人的行为。这样，可减少许多不满情绪的产生，从而遏止一部分报复心的形成。

告诉孩子，必须正确对待他人给自己带来的伤害或不愉快。在人际交往中，不可能没有利害冲突。当孩子受挫折或不愉快时，不妨教育他进行一下心理换位，将自己置身于对方境遇中，想想自己会怎么办。通过这样的换位思考，孩子也许能理解对方的许多苦衷，正确看待他人给自己带来的挫折或不愉快，从而消除报复心理。

第四，要让孩子知道报复的危害性。平时，家长要不断地给孩子“敲警钟”，告诉他：在报复行为发生之前，不妨想想，当你从报复行为中体会到一时的“解恨”和给报复对象造成危害时，自己会不会得到对方更大的反报复？会不会受到社会舆论的谴责？会不会触犯刑律？要让孩子知道，欲加害于他人的人，最终多半是害了自己。

最后，要注意加强孩子的自身修养、提高其自制能力。有报复心理的人一般心胸狭窄，易受情绪影响，且恶劣心境的作用强烈而漫长。如果能让孩子在学习中提高认识、在交往中增长见识；懂得人生是一个漫长的过程；具有忍耐和宽容的精神；善于以自身良好的行为来感化别人，对于克服报复心是有益处的。让孩子增加自我克制能力，则可免受或少受环境特别是他人的不良影响。

温情小贴士

报复是人性中的一处心结，每个人都有可能产生报复心理。但大多数孩子能够在家长的正确引导下，通过冷静的分析、理智的思考进行自我控制。那么，如何帮助留守孩子消除报复心理？

1. 耐心倾听孩子的宣泄。情绪是一种本能的能量，情绪作为一种能量是有积蓄效应的，积蓄到一定程度就需要发泄，当发现孩子存在着严重的不良情绪时，家长一定要做孩子的忠实聆听者，让孩子尽情宣泄心理压力，然后正确地给予劝解和指导。经过情绪的宣泄之后，孩子心中的报复之火会不知不觉地熄灭一大半，甚至烟消云散。

2. 转移孩子的注意力。当孩子遭受欺侮，自尊心受到伤害时，愤怒之情会油然而生，甚至怒火中烧。这时，极易产生报复心理。所以，家长不妨带着孩子暂时离开那个让他看不顺眼的人或环境，所谓“眼不见，心不烦”，转而让其从事一些自己最开心的活动以帮助转移注意力，从而淡化愤怒的情绪，消除其报复心理。

第二章　帮助留守孩子塑造健全人格

留守孩子更需要鼓励

在留守孩子的成长过程中，由鼓励而产生的自信是很重要的，它有可能影响孩子的一生。

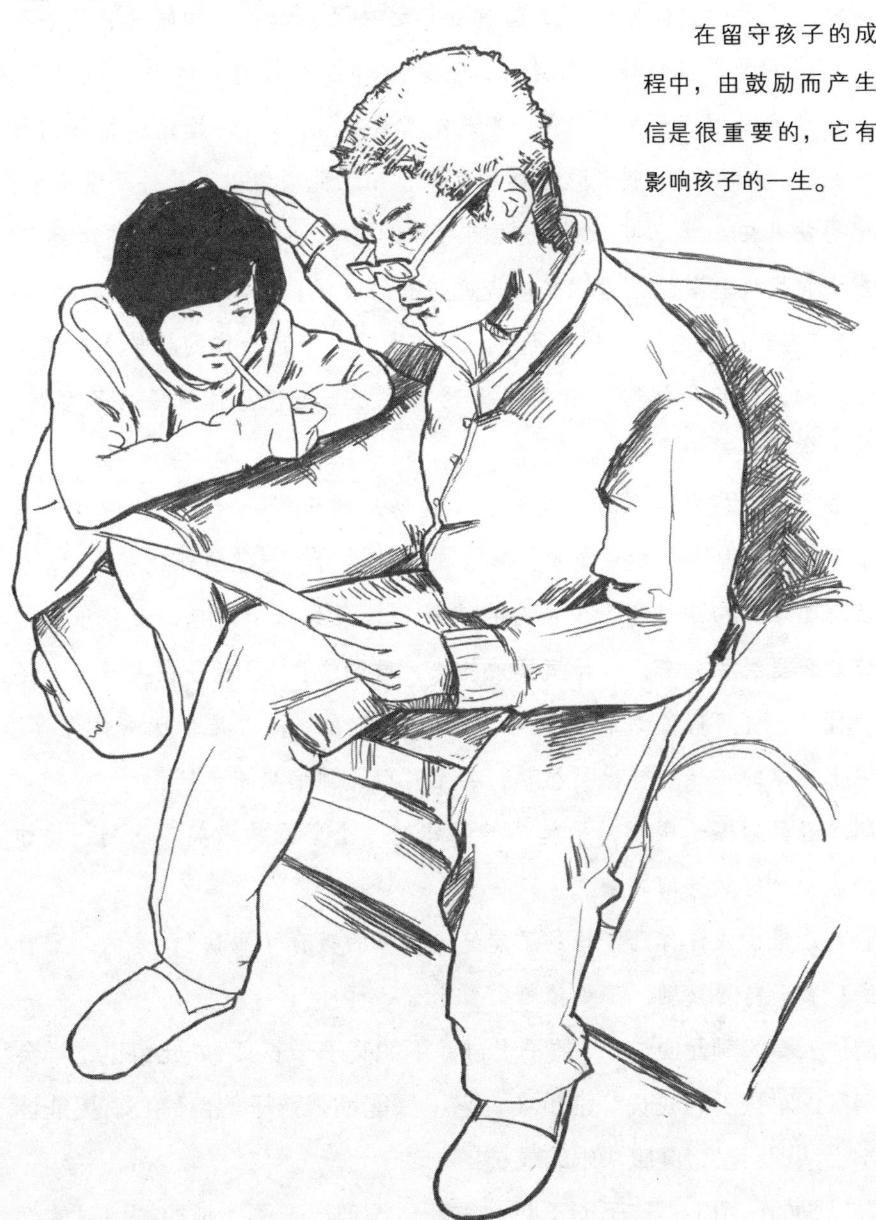

或许很多人不敢相信，像胡琳这样品学兼优的孩子居然是成长在一个留守家庭。胡琳的父母外出务工已有五年之久了，她一直和姥姥、姥爷生活在一起。虽说爸爸妈妈不在身边，可胡琳却在两位老人的悉心教育下，年年都被学校评为“三好学生”、“优秀班干部”。那么，姥姥和姥爷的教育“秘诀”是什么呢？揭开这个谜底之前，咱们先看看以下几件平常小事：

记得胡琳在小学三年级的一次期考中，居然两门功课都没有达到70分，当女孩战战兢兢地把考试成绩告诉姥爷的时候，姥爷却微笑地鼓励道：“这次语文考试，你作文发挥得不好，写偏题了；不过，你的数学成绩还是稍有进步的，最起码你这次没在选择题上丢分。虽说总体成绩并不理想，可我知道你已经努力了。”

姥爷的话让胡琳小小的心灵充满了暖意，她从那一刻开始，便在心里暗暗下了决心：从今以后一定要认真、刻苦地学习，绝不再让姥爷失望。

胡琳小学升初中那年，没能分在尖子班，听到这个消息，女孩难过地扑在姥姥怀里哭了起来，姥姥摸摸他的头，鼓励道：“没能分在尖子班并不能说明什么，你可以通过自己的努力，让大家看到，你是个优秀的学生。你和尖子班里的孩子一样出类拔萃，甚至可以比他们更出色！”

胡琳轻轻地擦干眼泪，抬起头给了姥姥一个坚强的微笑。此刻，姥姥的鼓励让女孩豁然开朗起来。

看到这里，或许你已经猜到了姥姥、姥爷的教育“秘诀”，是的，那就是鼓励！孩子需要鼓励，正如植物需要水分一样！

清代教育家颜元说过：“数子十过，不如奖子一长。”如此可见，学会鼓励与赏识对孩子的成长非常重要，它不仅能增强孩子的自信心，更能让孩子学会认识自己，健康快乐的成长！

在鼓励的作用下，孩子能不断地重新认识自己，不断地挖掘自己的潜

力，从而取得更大的成功。

留守家庭的孩子由于缺少父母的监护和关爱，在同学面前常有低人一等的自卑感，在学习、生活方面都极其不自信，稍受一点挫折就会一蹶不振。而留守儿童的临时监护人往往只关注孩子吃饱穿暖的问题，在教育孩子方面，则毫无方法可言。其实，留守孩子的成长更需要鼓励和赏识。在留守孩子的成长过程中，由鼓励而产生的自信是很重要的，它有可能影响孩子的一生。留守孩子最需要的就是建立自信心，如果没有了自信，这些孩子就容易放弃每一个机会，甚至连尝试都不敢，长此以往，他们将变得自暴自弃。因此，临时监护人一定要努力学会鼓励留守孩子的技巧和方法。

首先，作为留守孩子的临时监护人，要明白自己担负着教育孩子的重要责任。要清楚地意识到，孩子的父母不在其身边，自己就要承担其父母的责任。

在生活中要持续不断的鼓励留守孩子，增强孩子的自尊心和自信心。只要是一个有思想意识和行为的人，都希望得到别人的认可和鼓励，作为留守孩子同样也不例外。与其他孩子相比，在留守孩子的成长过程中，更需要得到鼓励。

其次，临时监护人要善于捕捉留守孩子的闪光点，鼓励孩子的进步，让孩子在鼓励中不断前进，完善自我。每个孩子都既有缺点也有优点，大人们应更多地挖掘他们的优点，及时发现他们的闪光点，并及时给予肯定和表扬，弱化孩子自身的不足之处或是慢慢帮助他们改正缺点。

再次，留守孩子的父母要时常鼓励孩子。仅有临时监护人的力量或是鼓励还是远远不够的。所以，还需要留守孩子的父母时常给孩子打电话、写信，关心他们的学习、生活状况。每次电话过后一定要鼓励孩子，激励孩子，让孩子天天生活在爱的希望中。并根据孩子的问题，给他们提出合理的建议，还要鼓励孩子说："宝贝相信自己，你能行。"引导孩子走出困惑、焦虑、不安。当听到孩子遇到困难的时候，一定要适时地给予其鼓励，让孩子感受到来自父母双亲的关爱。有的时候，来自父母的一句鼓励，也许会改变孩子的一生。

最后，在孩子做错事情的时候也要适当给予安慰。每个人都有做错事情的时候，孩子犯错时，临时监护人切不要轻易指责或是呵责孩子，因为留守孩子的内心非常敏感，他们更渴望得到的是别人的鼓励和赞美。

当孩子犯错时，临时监护人要及时引导并问清孩子犯错的原因，并教会孩子在做错事后，如何弥补自己犯下的错误，使孩子在遇到同样的事情时，学会运用正确的方法去处理。孩子做错了事并不可怕，只要大人加以积极的引导和教育，让孩子在犯错的过程中受到教育并能够及时改正，就可以了。和其他孩子一样，留守儿童也是通过不断地犯错、不断地改正才能健康茁壮成长。

温情小贴士

心理学的研究表明：孩子在三岁前，每当行为有所进步，智力有所提高时，若能适当地得到父母鼓励，长到十岁后，他的智力发展状况将比三岁前未受过鼓励的孩子要好。同时，学习动机、兴趣及上进心也会发展得比较理想。

鼓励，既要有评价又要加以诱导，以便使孩子的想法及行为得到成人的肯定，使孩子产生“醒悟”，好像正在孵育的小鸡获得“洞明”，这样往往会成为驱动孩子克服困难的可贵动因。

临时监护人对留守孩子的鼓励要着重于孩子应该干什么，着重于孩子行动后的自我满足。当鼓励孩子时，应帮助孩子认识他们自己的能力，帮助他们树立自信心。对孩子做的某件事进行鼓励，那么接受鼓励之后，他会干得更好更多，从而由一个小小的进步达到更大的进步。这样小小的进

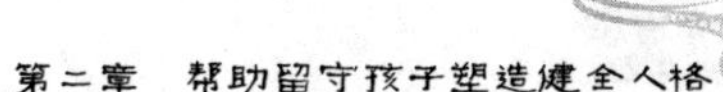

步对孩子都可能具有决定性的作用。留守孩子在遇到小小的失败之时，家长们的鼓励可以使孩子正确地面对困难，战胜困难，从失败与挫折中走出来。

父母与留守孩子的沟通艺术

父母是孩子的终身榜样。孩子身上的优点、缺点、好习惯、坏习惯基本上都是来自父母和周围环境的熏陶。所以要求孩子做到的，父母首先要做到。

小时候的奇奇是一个活泼、好动的孩子，在幼儿园里，小朋友们都喜欢和他一块儿玩，因为奇奇可是出了名的“开心果”，只要有他的地方，就充满欢笑。可自从奇奇父母外出打工后，奇奇的性格便出现了巨大转变，他开始变得不爱说话了，和小伙伴们一起玩的时候，也很少笑了，常常会躲在一个小角落里发呆。

这天，奶奶发现奇奇蹲在墙角自言自语，她赶忙走过去问道：“乖孙子，你在和谁说话呀?”

奇奇似乎没听到奶奶的叫声，仍然低头自语着。

“奇奇！你听到我说话了吗？你在干嘛呀?”奶奶把音量提高了八度。

此时，奇奇才缓缓地抬起头，用呆滞的目光看着奶奶，半晌也没说话。

这下可急坏了奶奶，她摸摸奇奇的额头，想确认孙子是否在发烧，可情况一切正常。于是，奶奶一把搂住奇奇，哭着问道：“好孩子，你倒是应奶奶一句话呀？你这样很吓人的……”

奶奶的哭泣似乎对奇奇有所触动，他结结巴巴地说道：“我……你……别哭……别哭……”

第二天一大早，奶奶便领着奇奇上儿童医院进行检查，通过专家的会诊，奇奇被检查出患有表达能力发展滞后的心理疾病。专家指出，患上此类症状的大多是留守儿童。如果症状得不到及时地治疗，将会影响孩子智力的正常发育。

看罢上面的故事，相信会给留守家庭的父母们带来一定的警示。在教育学中有个名词叫：“归零教育”，就是“3 + 2 − 5 = 0”，就是说30%的学校教育，加20%的社会教育，如果减去缺失的50%家庭教育，培养效果还是等于零。

奇奇就给人以被“归零”的感觉。小时候他是个爱说爱唱的孩子，可

见其表达能力的起始水平并不低，可后来几近“失语”，这明显与其留守密不可分。孩子的表达能力很大一部分是在家庭生活中得到锻炼发展，可留守儿童却缺少这样的锻炼机会，他们有话无处、无人可以说。时间一长，言语表达能力自然就开始退化了。有一份调查显示：留守儿童的家庭教育、亲子交流几乎是空白，临时监护人大多局限于让孩子吃饱穿暖之类的浅层关怀，无法尽到对孩子的教育责任，更不要说耐着性子听孩子讲他们的见闻、苦恼。一些隔代的老人虽然喜欢和孩子在一起，但孩子由于代沟等原因又不喜欢和老年人说心里话，这些直接的或是潜在的因素最后都将导致留守儿童行为偏差，能力低下。

父母是孩子的第一任老师，对孩子一生的发展十分重要。因此，家长与孩子的沟通至关重要。那么，外出务工的父母该如何与留守孩子进行有效地沟通、交流呢?

首先，父母要从照顾孩子的临时监管人、老师那里了解孩子在家在校情况，然后再通过打电话的形式与孩子进行沟通。因为只有这样，家长才能清楚孩子需要什么，从而才能在电话中正确引导孩子，让其说出自己内心的需求、感受和碰到的问题。如果孩子年纪小，表达不清楚，可以对孩子进行选择性的提问。如：“你在学校过的开不开心呀?”“你和同学相处得好不好呀?”诸如此类的问题，让孩子二中选其一。

如果孩子不愿意交流讲叙，父母可以给孩子一些理解和积极的暗示，让孩子知道，只有把问题讲出来才能得到解决，父母才知道他需要什么。如果孩子实在不愿意讲，也不要去逼迫他。可以另外约个时间沟通，并告诉他：“现在不说没关系，我们下次再沟通。不过，你要知道，爸爸妈妈希望能帮上你，请你信任我们。”相信在下一次电话沟通中，孩子会与家长诉说心事的。

其次，在沟通中，孩子可能会出现哭、笑、顶嘴或争吵等情况。如果孩子在电话里哭，可先让孩子用心感受爸爸妈妈拥抱他的情景。接着让孩子闭上眼睛，再来感受爸爸或妈妈现在就拥抱着他。如：“宝贝，妈妈抱着你，你在妈妈怀里哭吧。妈妈知道你想我和你爸，我们同样想你，你想哭就放声地大哭吧。”“爸爸知道你心里难过，我和你妈妈不在你身边，你在家要照顾爷爷奶奶，生活学习中的困难，都要自己想办法处理好。”等孩子哭了几分钟过后，再来询问孩子哭泣的原因，孩子得到理解后会一股脑地把问题讲出来。父母再根据孩子的问题，给他合理的建议，引导孩子走出困惑、焦虑、不安。

最后，父母要无条件地信任孩子。

父母是孩子的终身榜样。孩子身上的优点、缺点、好习惯、坏习惯基本上来自父母和周围环境的熏陶。所以要求孩子做到的，父母首先要做到。要做到最多地欣赏孩子的优点，尽量地包容其缺点，要知道用放大镜看孩子，世界上并没有完美的孩子，再完美的孩子都有自己的缺点的。父母无条件信任自己的孩子是与孩子沟通交流的重要基础。

温情小贴士

父母要学会设计启发式问题。

很多留守家庭的父母对于沟通问题的认识往往处于一个误区，就是认为只要家长说的话孩子听了，这就是沟通。家长由于受身在外地，难以与孩子当面沟通，使得他们教育孩子的语言和思维相对贫乏。例如：很多父母通常只会在电话里问孩子：“我们在外辛苦，你可一定要努力读书呀。”“爸爸妈妈不在你身边，你可一定要懂事呀。”等诸如此类的话，可这样嘱咐的话语如果每次在电话里都重复一遍，孩子自然而然地会感到厌烦，结果反倒事与愿违。所以，家长应该注意和孩子沟通的方式方法，学会设计问题，用问话的方式来和孩子沟通，尽量不要用陈述句，而要尽可能地让孩子自己说。“问”在今天是一种高级的交流形式，父母的提问也应该具有很强的技巧性，家长应该加强这方面的学习和修养。

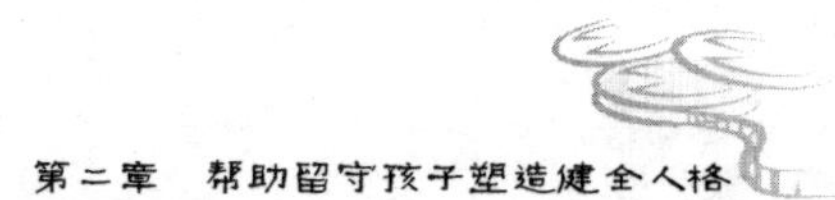

对孩子的亏欠不应该以溺爱来偿还

留守孩子非常渴望得到亲人们的关爱，但这份爱，不等于溺爱；不等于包办代替；不等于放任自流；不等于爱不够，钱来凑。而是要尊重孩子的成长规律，给他们适度的爱。

郑海在朋友圈子里向来以“阔少”著称，每次外出聚会，郑海都会“豪气”地帮大家买单，他全身上下穿的都是名牌，花钱从来都是大手大脚。从小到大，郑海从来不会为钱而担心，因为他的爸爸妈妈常年在外地工作，每月都会按时给他汇来一比数目可观的零花钱，而他的爷爷奶奶又是退休干部，每月领到的退休金都会任由郑海支配。如此看来，郑海出手阔绰自然在情理之中了。

同学们特别羡慕郑海，羡慕他有花不完钱，更羡慕他不用受父母的管教，爱怎么玩就怎么玩，多么潇洒自由！

这天，郑海看中了一台新型的笔记本电脑，于是便对爷爷要求道：“把你的工资卡给我用一下，我要换台电脑。”

“哦。”爷爷想都没想就把工资卡递给了郑海。

此时，一旁的奶奶忍不住插嘴问道：“乖宝贝，你不是才换的电脑吗？怎么又想买新的呀？”

“哼，那台已经 OUT 了，总之你就别问这么多啦，你们这么老了，留这些钱干嘛使呀？还是让我帮你花吧。”郑海不耐烦地应道。

看到孙子有些不高兴了，奶奶赶忙赔笑脸道：“对对……我是老糊涂了，我们的钱就是你的钱呀，只要我的乖孙子开心，就是把我这把老骨头卖掉都行！”

“这样想就对啦！”郑海冷冷地回了一句后，便扭头出门了。

望着孙子远去的背影，奶奶深深地叹了口气。这时，爷爷拍拍老伴的肩膀，安慰道：“这孩子不能生活在父母身边已经够可怜了，所以只要他高兴，随他怎么花钱都无所谓。就像你说的，把咱们的老骨头卖了都行。”

“对，对……”奶奶点头称是。

在留守孩子中，放纵溺爱型家长的比例比其他孩子中的比例要高得多。

究其原因，主要是家庭教育的主体由父母变成了其他的临时抚养者，其中绝大多数都是祖辈，还有一部分是其他的亲戚。祖辈在留守孩子的教育上往往存在“用爱来补偿孩子”的误区：祖辈觉得孩子缺少了父母的照顾，因而对孩子过分溺爱，养成了孩子任性的性格。祖辈们大多文化程度较低，他们很难和儿童交流，在孩子的管教问题上只会一味地迁就、迎合，对孩子百依百顺，充当他们的“保护伞”。此外，留守孩子的父母由于常年在外，总觉得有愧于孩子，因此经常给孩子予以金钱补偿，宁愿自己节衣缩食，也要尽量满足孩子的所有要求，对孩子过分骄纵溺爱。可这种已经变味的“爱”，无形中助长了留守孩子自私任性、霸道蛮横、逆反心理重、依赖、以自我为中心等极端性格，严重影响了他们的健康成长。

在此，需要告诉所有父母和临时监护人的是，留守孩子非常渴望得到亲人们的关爱，但这份爱，不等于溺爱；不等于包办代替；不等于放任自流；不等于爱不够，钱来凑。而是要尊重孩子的成长规律，给他们适度的爱。那么，怎样做才算是真正爱孩子呢?

第一，俗话说，爱子之心，人皆有之。在留守家庭中，大人们对孩子的爱应是有理智的。在爱孩子的过程中要有分寸、有原则，要能自觉地控制自己的感情，克制那些无益的激情和冲动。然而，留守孩子的父母和祖辈们，在对待孩子的问题上，往往缺乏应有的“分寸感”。他们对待孩子往往是无原则的，过分地宠爱。有的对孩子姑息迁就，任其发展；有的只知道想方设法满足孩子的锦衣美食，却不懂得给孩子良好的精神食粮和思想营养。这样，势必把孩子惯坏、宠坏。这种“爱”是盲目的、有害的。

第二，爱要与严格要求相结合。

所谓“爱之深，责之切”，就是说，严格要求正是出于深切的爱。所以，留守孩子的家长和临时监护人不应该被盲目的爱所支配，要“严”中有“爱”，“爱”中有“严”。当然严格要求并不意味着对孩子动辄训斥打骂，而是要做到以合理为前提。而且，态度也应该是耐心的、循循善诱的。

第三，不要对孩子的事情进行大包大揽，要锻炼、培养他们的自立能力。

孩子是一个独立个体，终究是要离开父母和长辈独立生活的，生活能力和自理能力是伴随孩子一生的最基本的生存本领，所以，要培养孩子独立自主的习惯。

让孩子养成独立自主的习惯，就需要大人们给孩子独立自主的机会。把孩子应该自己完成的、能够做到的事情，以及他应该承担的对自己、对父母、对家庭、对社会的责任都要还给孩子，给孩子独立面对社会的机会，让孩子成为真正意义上的独立的人。

有一点需要提醒父母和临时监护人注意：培养孩子的独立自主能力不能过急，要循序渐进，要随着孩子年龄的增长，逐步提出孩子力所能及的要求，不要让孩子做不能做到的事情。

温情小贴士

对留守孩子的关爱要适度，那么，这个“度”是什么？

1. 对孩子首先应有责任感，保证孩子不饿，不冻，没有病。其次，让孩子有温暖感，有足够的睡眠和适当的玩耍时间。

2. 不因关爱而给孩子传递不良信息，误导孩子养成不良习惯。

3. 不因关爱影响孩子的身心健康和茁壮成长。

4. 要深层次地关爱孩子，把爱藏在心里。

5. 凡事大人身体力行，做孩子的榜样。

让留守孩子拥有一颗感恩的心

在家庭里，父母、长辈对孩子之爱不是单向的，而是双向互动的。让孩子明白不止要接受爱，更应懂得爱的反馈和回报。

今年春节是小荷过得最快乐的一个春节，因为远在外地工作的爸爸妈妈回乡探亲，小荷掐着小指头算了算，爸爸妈妈已经有三年没回家过年了。

大年初一这天，妈妈把一个厚厚的红包让小荷给姑姑送去，但小荷却一脸不高兴地拒绝了。

妈妈赶忙问其原因，小荷嘟着嘴说道："干嘛要给姑姑红包？就是给也别给这么多呀？"

"爸爸妈妈外出工作的时候，你姑姑可没少照顾你哟，大过年的，妈妈给她一个红包是为了表示感谢，其实比起姑姑对你的照顾，这些钱根本算不了什么。做人要有一颗感恩的心。"妈妈语重心长地说道。

"姑姑平时就帮我梳梳头，偶尔指导我写作业，大多时候都是我自己照顾自己。"小荷没好气地数落道。

"那么，如果没有姑姑的'偶尔'帮助，你的生活会变成什么样呢？孩子，一个人不能只图着别人给你什么，更应该想到你对别人付出了什么。无论是爸爸妈妈，或是其他长辈，大人们对你的好并不是无条件的，你要知道感恩。如果你学会了感谢别人对你的爱和帮助，你会变得更快乐、更漂亮。"妈妈继续耐心地开导道。

母亲的这番话把小荷说得心服口服，于是，她拽着红包就往姑姑家跑去……

感恩心的缺失已经成为当代青少年的致命的性格弱点。这个问题在留守孩子身上更为明显，这些孩子在长期缺乏父母关爱下的环境成长，他们很难体会到来自父母的亲情之爱，不少孩子把父母和临时监护人无微不至的爱看成天经地义，以自我为中心，不懂得体谅，更不知道感恩。

此外，致使留守孩子不懂感恩的原因还在于家长错误地认为父母对孩子是不需要回报的。其实，爱的付出也有讲究，"不求回报"的爱也并非都是好的。从小学会爱别人，是孩子健康成长、适应社会的必修一课，而“爱”的前提是拥有一颗感恩的心。因此，教会留守孩子感恩，也是父母和临时监护人“爱”孩子的必经之路。

首先，留守孩子的家长们要让孩子在生活中养成感恩的习惯。

将感恩习惯的养成教育渗透于日常生活之中。让孩子从小就浸润在感恩的环境里，真心感受。父母和临时监护人要从自身做起，做好示范，利用一切可以利用的契机对孩子进行教育。如爷爷帮奶奶做事时，爷爷要大声地对奶奶说“谢谢!”。奶奶接受爷爷的帮助，也要说一声“谢谢!”；爸爸送给孩子礼物时，要告诉他这件礼物是爸爸给你的，你要感谢爸爸；这本书是哥哥或姐姐送你的，你要谢谢哥哥或姐姐。在这种氛围中，孩子耳濡目染，渐渐接受这种最基本的礼仪，也学会向别人道谢，将感恩内化于人格之中。

父母在家时多和孩子相处，一起游戏，一起玩耍，一起做家务。只要你想到的、做到的，都尽量把孩子带着，让孩子参与进来，以抓住有效的时间和机会进行榜样教育、爱的教育。爱是相互的、传递的，爱是需要回报的，父母应让感恩教育融于生活点滴中。

其次，充分利用各种节日作为感恩教育的载体。

如：春节时要教孩子热情接受爷爷、奶奶及其他亲属送给他的礼物，并表示感谢，不管价钱多少，回到家里都要求孩子妥善保管，学会珍惜别人的情意；教师节，让孩子亲手制作贺卡送给老师，表达对老师的美好祝愿；父亲节和母亲节，让孩子给父母打电话或是邮寄贺卡，给爸爸妈妈说几句感谢的话语，不一定感谢爸爸妈妈给他们帮了多大的忙，而只需表达生活中感觉很幸福的一点一滴。

再次，让孩子学会给予。

在留守家庭中，孩子的临时监护人会帮孩子包办一切，不让孩子动手干活，这无形中让孩子形成了懒惰的恶习，他们自私地认为，别人对自己的好都是理所当然的。所以，生活中，长辈们要偶尔学会“示弱”，让孩子为大人们做些事。比如假装身体不舒服，让孩子帮忙做些力所能及的家务活；假装累了，请孩子倒杯水给爷爷奶奶喝……让孩子学会给予，懂得别人的给予与帮助是一种“恩惠”，而不是理所当然或者欠他的。

第四，“计较”孩子的付出。

孩子没有记住父母的生日；孩子回家后没有帮年迈的长辈们干活；没有记住父母的一个小要求等等，这都是父母和临时监护人必须“计较”的小事。别让孩子觉得大人们对他一无所求，他根本不需要为别人做什么。要让孩子懂得索取是要付出的，不能无条件地进行索取。

第五，让孩子在对比中学会感恩。

平时，临时监护人要抽空带留守孩子到孤儿院或医院参观，还可以鼓励、组织孩子与贫困地区的孩子结对交友等，让孩子在对比中体会到自己并不是这个世界上最不幸的人，让他深刻体会到自己虽然不能生活在父母身边，可与那些从小失去亲人的孤儿相比，自己是幸福的。通过这样的对比教育，会改变留守孩子的冷漠，从而引发他的慈悲心、惜福心和感恩心。

在留守家庭中，父母和临时监护人必须从小培养孩子感恩分享，这不仅是一种礼仪，更是一种健康的心态。在家庭里，父母、长辈对孩子之爱不是单向的，而是双向互动的。让孩子明白不止要接受爱，更应懂得爱的反馈和回报。只有学会分享和感恩，将来在学校里和社会上，才能更好地与周围人相处和合作。

温情小贴士

感恩，应从家庭生活的每一件小事做起。爷爷奶奶生日，孩子给他们送上一个生日蛋糕，写上一张生日卡，是感恩；孩子偶尔给远在外地工作的父母打个问候电话，和他们道声："爸爸妈妈，你们辛苦了。"这何尝不是感恩？感恩无须旁人提醒，应该发自每个人的内心。一个会心的微笑，一句关爱的话语，一个凝望的眼神，一种温暖的触摸，无不是感恩的载体。有了感恩，家庭就有了阳光，我们的日子就会变得快乐，日子即使过得非常清贫，也能活得有滋有味。懂得感恩的家庭，才是幸福的家庭。

当然，感恩绝对不是成人世界对孩子的单向要求，而是家庭中的每一个成员，不管是大人还是小孩，是男人还是女人，一种共同的生活态度，是面对这本生活教科书应共同学习的一个重要命题。

留守孩子的父性教育

在现行的家庭教育中，父亲应当从“男主外，女主内，孩子的事应该女人管”的传统观念中摆脱出来，认识到自己不仅是孩子的供养者，更是孩子的教育者。

“爸爸”对于罗杰而言或许只能算是一个称呼，因为他的父亲长年在外地工作，一年都难得回家一次。由于自小在没有父亲关爱的环境下长大，罗杰的性格非常内向、腼腆，甚至还有点“娘娘腔”。

罗杰上初中后，妈妈为了锻炼他，便要求他住校。可罗杰却死活不肯，说什么也要住在家里。

这天，妈妈再次旧事重提：“小杰，你现在已经15岁了，应该学会过集体生活了。所以，我希望你住校。”

“不住！不住！我都已经和你说过很多次了，我要和你住在一起，晚上要是看不到你的话，我会睡不着觉的。”罗杰向母亲撒娇道。

“你可是个男孩子呀，不能整天躲在妈妈的怀里呀。你要独立一些，总有一天你必须要独当一面的呀。”妈妈正色道。

“不嘛……不嘛……我一辈子都要和你在一起……”罗杰说着说着竟哭了起来。

看到儿子委屈的模样，母亲自然非常心疼，她一把搂住罗杰，温柔地说道：“好好……咱不住校了，不住校了……”

“那你要说话算数哦。爸爸长年不在家，我只有你了，你千万不能不要我……”罗杰嘟着嘴哀求道。

“怎么会呢？妈妈永远爱你，我的宝贝儿。”妈妈应道。

“我也爱你。”罗杰终于破涕为笑了。

当前在很多留守家庭中，父亲一方外出打工的比例更高，而母亲多半会留在家乡照顾孩子，所以，留守孩子面临着父性教育缺失的问题。所谓父性教育，就是给孩子提供充满父亲角色特性的教育。或者通俗地说，由父亲来实施、体现父亲人格的家庭教育。父性教育与母性教育加在一起，才是完整的家庭教育。

父性教育的缺失对于儿童的身体发育、个性品质的培养、智力及性别角色的发展都会有不良的影响。家庭结构的不完整导致留守孩子家庭教育功能的失调和弱化，完整的家庭教育功能的发挥应该是包括父母双方对孩子的影响，父母双方的教育“合力”是保障孩子身心健康成长的关键，留守儿童家庭结构的变化必然会部分地削解这种教育的“合力”，从而削弱家庭教育的整体功能。

父性教育的缺失不利于孩子身体的良好发育。不少临床医生观察到与父亲接触很少的孩子，无论是在身高、体重、还是动作等方面的发育速度都不及父子正常接触的儿童，而且患有营养不良和传染病的概率更高。

此外，父性教育的缺失不利于孩子性别角色的正常发展。发展心理学者认为，个体在幼年时期就开始分别向“男性化”或“女性化”方面分化，并表现出了性别定向的趋势。学者们同时强调，个体的性别定向不是先天具有的，而是后天学习的结果，并且确信无疑地指出，在这一学习过程中父母起着不容忽视的十分重要的作用。对于男孩来讲，父亲的影响更为重要。在日常生活中，父亲通过自已言谈举止、穿着打扮、气质风度来表现阳刚之美。对于女孩来讲，父亲是他生命中的第一个异性。孩子成人后的性别行为和婚姻关系也更多地受到早期与父亲关系的影响。但是对于那些留守儿童而言，长年不与父亲生活在一起，感受不到父亲的影响。在这样的情况下，留守儿童在性别认同与性别角色塑造方面就会出现问题。如男孩子表现为性格脆弱、胆怯、懦弱、做事犹豫，交往能力差，没有阳刚之气，有“女性化”的趋向。又如，女孩子因为缺少父爱，没有安全感，容易陷于早恋，不仅影响学业，也不利于身心健康发展。

那么，如何才能尽量避免或减少留守孩子因缺少父性教育而造成的伤害呢？

首先，留守家庭的父母要努力改变传统观念，提高父亲的家庭教育责

任感。在现行的家庭教育中，父亲应当从“男主外，女主内，孩子的事应该女人管”的传统观念中摆脱出来，认识到自己不仅是孩子的供养者，更是孩子的教育者。还要认识到早期的教育方式对孩子的成长有着深远的影响，这种影响不仅体现在儿童时期，而且还体现在人的整个一生之中。

其次，外出务工的父亲要尽可能地抽空回家探亲，回家后要与孩子彼此多接触。爸爸要善于在言谈举止中，透出男性阳刚、坚定、责任、豪放的气概，并要求孩子用心体会内化，从而达到影响自己言行的效果。这点对孩子非常重要。男孩子需要从爸爸那里传承这个特质。爸爸对女孩同样重要，爸爸的坚定、坚强、坚持不放弃的意志力，对孩子的学习成长会有决定性的作用。

父亲还应与孩子一起做游戏，因为父子（女）游戏容易引起孩子兴奋，诱发孩子的兴趣，游戏的多样化导致孩子极大的快乐和满足。在游戏过程中孩子可以学会冒险、锻炼体能，并强化对外界的刺激感觉，从而培养活泼、勇敢、自信、智慧等多种心理品质。

再次，母亲要给孩子创造一个适当的交往环境。

由于留守家庭中缺少父亲，孩子自然与母亲相处的时间大大增多。有的母亲认为，与女孩子一起玩安全、文明、卫生，而与男孩一起玩则容易出乱子。其实，这样会使孩子在成年之后产生人际交往上的障碍，他们只对某些人有安全感，而对另一些人表现出胆小、退缩和敏感。因此，母亲应该多安排孩子与爷爷、舅舅、男性朋友等交往，补偿父亲缺乏而造成的同性交往上的空白。另外，在这样的交往过程中，他们也不知不觉地模仿了其他男性的行为，这是在母亲那里所得不到的。

温情小贴士

许多成长在留守家庭中的男孩子刚性不够，骨气不足，意志薄弱，没

有个性；有的还有“女性化”的倾向，这都源于父性教育的缺失。如果说，母性教育是一种“根”的教育，目标是达到生命的滋润、丰满，那么父性教育就是一种“主干”的教育，目标是建立人生的“主心骨”，实现生命向空中的充分伸展。

所以，我们要呼唤父性教育，让每一个做了父亲和准备做父亲的人增强父性教育意识，提高父性教育能力。具体应该怎样做呢？第一，要明确父性教育基本的方向。第二，实施父性教育时，父亲要与孩子的母亲分工合作，共同承担教养孩子的职责；提高自身素养，做好孩子的第一任老师；把更多的时间给家庭、给孩子；同时，也要以自己事业与人格的成功作为“身教”来激励孩子。第三，向孩子学习，做孩子成长的“同龄人”。所有父亲必须明白，在有孩子以前，你不是父亲。父亲这个身份和角色，是孩子给你带来的，从这个意义上讲，你跟孩子是“同龄人”，要与时俱进，与孩子俱进。

培养孩子勇于面对困难

当孩子遇到困难的时候，要教会他们调整心态，坚定信念。不要让孩子做他无能为力的事情，经常让孩子获得成功的体验，这样有助于孩子树立自信心。

过完这个春节，欣欣的父母就要外出务工了。临走前，欣欣爸爸再三嘱咐欣欣的爷爷奶奶，一定要好好照顾孩子，不能让孩子受一点苦，遭一点罪。

欣欣父母离家后，欣欣便成为了家里的“小祖宗”，她过着衣来伸手、饭来张口的公主生活。

由于有了爷爷奶奶这把“保护伞”，欣欣非常缺乏抗压能力，害怕吃苦、受累，在生活和学习中，稍微遇到一些困难便惊慌失措，根本不知道积极面对。

就拿生活中的几件小事来讲。一次，欣欣闹着不去上学，这可把爷爷奶奶急坏了，当爷爷问及她为何不想上学的原因，欣欣给出的答案竟是：“今天的体育课要跑800米，我不想跑步，不想受这份累。”

听到欣欣的解释，爷爷奶奶居然异口同声地答应了孩子的无理要求，爷爷表扬欣欣道：“你真聪明，千万别去傻乎乎地跑什么800米，那该多累呀。待会儿我会给你们班主任打电话请假，就说你身体不舒服，今天不能去上课。”

还有一次，欣欣的数学考试只得了50多分，自尊心极强的她整整难过了好几天。看到孙女的小脸蛋日渐消瘦，爷爷奶奶心急如焚。奶奶甚至心疼地对孩子说道：“女孩子不需要读太多书的，这上学是件苦差事，你何必去吃这份苦。”

“是呀，每天看你做作业做到大半夜，我不知道多心疼。这书咱随便读读就可以了。”爷爷接过话茬说道。

从那天起，欣欣不再关注学业，她可不想再为学习吃半点苦了。有爷爷奶奶、爸爸妈妈宠着，自己何必这么辛苦地读书呢？

留守孩子由于缺乏父母的教育、关爱、监护，而这些孩子的临时监护

人又多为年老的祖辈们，他们大多文化水平较低、缺乏教育经验，只会对孩子一味的娇惯、袒护，致使留守孩子进取心不强，意志薄弱，怕苦畏难，遇到困难便惊慌失措，经不起挫折和失败。

那么，父母和临时监护人该如何培养留守孩子勇于面对困难呢?

1. 对留守孩子的教育，重要的就是要改变其已有的心理结构，加强孩子心理承受能力的训练。如果孩子对失败有良好的承受能力，那么他就不会惧怕失败，在面临困难时他就会主动进行尝试而不会逃避。

当孩子遇到困难的时候，要教会他们调整心态，坚定信念。不要让孩子做他无能为力的事情，经常让孩子获得成功的体验，这样有助于孩子树立自信心。让孩子明白每个人都会遇到困难，而困难是可以解决的，并可以利用一些孩子能自己克服的困难来历练他，以培养平和乐观的心态。

2. 让孩子知道求人不如求己。父母要告诉照顾留守孩子的祖辈们，不要过分保护和溺爱孩子，不要在孩子遇到一点小困难时就给他帮助，而是应该鼓励他自己想办法解决。可以和孩子一起找出困难到底难在哪里，以便找出化解困难的办法。

外出务工的家长们在平常应通过多渠道和孩子进行沟通，对他们进行吃苦教育，要增添与贮存孩子面对困境与挫折时的能量，以及让孩子知道即使自己很平庸但还是可以很快乐。

3. 家长们要为孩子树立不屈不挠、勇敢顽强的榜样。大人们不要在困难面前退缩，至少在孩子面前要注意。为孩子讲一些名人不怕困难、不怕失败，最终做出重大贡献的故事。以家长和名人为榜样，对孩子最有效果。此外，父母回家探亲的时候，可以找一些适合的电影与孩子共同观看。剧中主角曾经遭受伤害（背叛、排挤、误解）但是，最后总能闯过难关。这些影片可以帮助孩子在以后碰到同样困难时，有信心去面对以及学会寻找解决困难的方法。

家长们应陪伴孩子接受自己的平凡，教孩子学会如何面对失败，体会到即使自己的家境比不上别人优越，学业不算优秀，或在各种能力竞赛中比不上别人，也仍然是一个有价值的人。甚至在被家长误解、被同学排挤或者被老师不公平对待时，不会因为委屈、愤怒而走向极端，造成不可收拾的后果。这些都需要父母和临时监护人平常让留守孩子建立纾解自己情绪的渠道，培养宽容且自在自足的生活态度。

4. 对留守孩子进行适时、适当的鼓励。当孩子遇到挫折时，能够跟家长倾诉自然是最好的。但很多时候，他们不敢讲、不想讲，可能是因为他们曾经隐约透露过，但被家长忽略了，或当时没处理好而丧失信心，也很可能不知从何讲起，还觉得没有人理解他们，干脆埋藏在心底，自己承受。所以，家长们要鼓励孩子树立信心，不要灰心丧气，勇敢面对困难。当孩子通过自己的努力，尝到成功的喜悦后，就要真诚地去表扬，这样孩子克服困难的信心就会增加。

我们成年人都知道，现实世界并不总是公平的，所有努力也并不一定都会有好的结果，甚至我们可能有许多努力还没有被人看见。同样，孩子的世界也是如此。因此，家长如果要奖赏孩子，应该着重在孩子努力的过程与态度上，而不应依据外在条件或别人的评价以及取得了什么成绩。

作为父母和临时监护人都不希望孩子遇到挫折。但是，挫折是客观存在的。对留守孩子更需要进行必要的挫折教育。孩子在成长过程中，既会有让人快慰的成功，也会有各种令人烦恼和痛苦的挫折。大人不可能一辈子替孩子遮风挡雨，让孩子生活在温室里。孩子在成长过程中受到委屈和挫折，都是人生必不可少的经历和财富，是留守孩子成长中不能缺少的营养，是其学习生活中必修的一课。

温情小贴士

在对留守孩子进行的挫折教育中，要教孩子学会面对自己。

当孩子自己受到打击以后，要保持清醒的头脑，多想想造成自己受到打击的原因。如果是自己造成的，就要勇敢地面对自己，敢于承担自己的责任，告诉孩子：人无完人，孰能无过。有则改之，无则加勉。知错就改，才是好孩子。面对挫折，应教会孩子该抱着正确的态度，这样才能把每次挫折变成一次锻炼自己、完善自己的机会。挫折不是拦路虎，而是垫脚石。经历生活中的一次次挫折，才能慢慢成熟，逐渐长大，在今后的学习、生活中正确对待挫折，增添勇气去战胜挫折。表扬是一种鼓舞，而不是一个蜜罐；批评是一种鼓舞，而不是一种刺激，我们既不能因为得到表扬而沾沾自喜，进而忘乎所以，也不能因为受到批评而气馁，失去上进进取之心。

孩子，宽容会让你变得快乐

理解能带来宽恕，宽恕能带来和谐。家长应该让孩子明白，人人都有缺点和不足，只要不是特别过分，就应该理解和宽容。

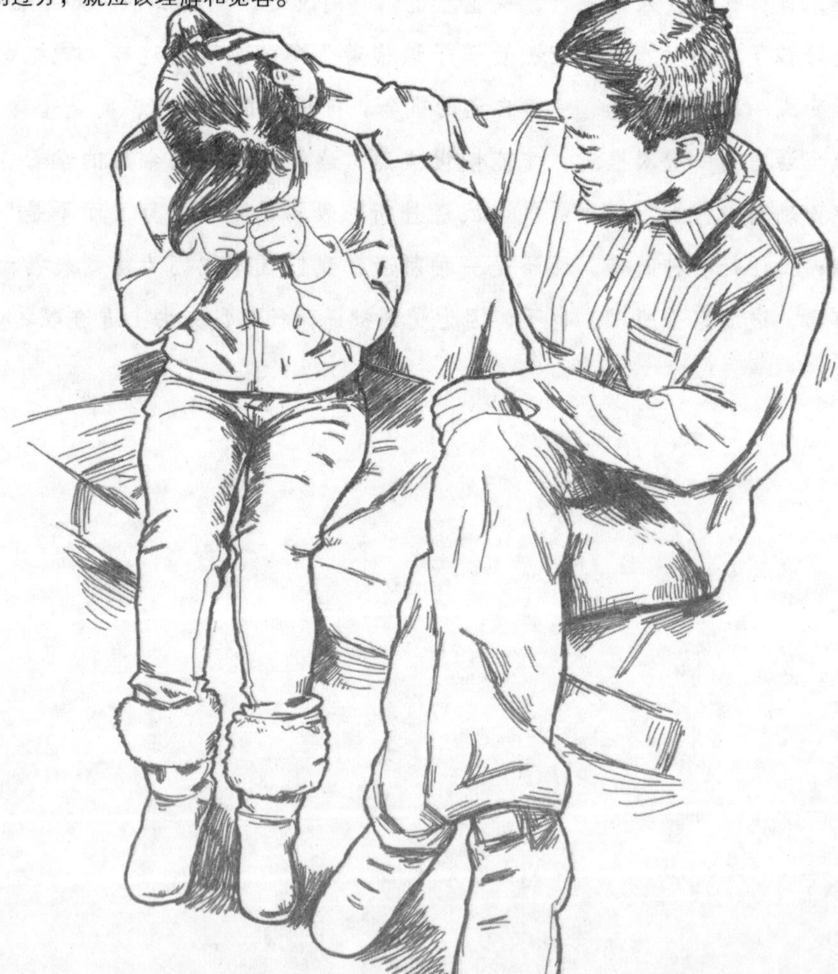

这天，苗可一回到家就开始独个儿呆在沙发上生闷气，嘴里面还不停地嘀咕：“哼，我非和这样的朋友绝交不可！”

叔叔看到苗可这副模样，便走过去询问道：“怎么了？满脸的不高兴？”

苗可回答道：“说起来我就生气。我们班的那个林芳，居然把我借给她的那盘CD弄坏了，那盘CD可是我爸从国外给我寄回的生日礼物。每当我想念远在国外工作的爸爸妈妈时，我就会听这盘CD，可现在……这盘CD坏了，我以后想爸爸妈妈的时候，该怎么办呢？呜呜……”苗可说着说着竟委屈地哭了起来。

叔叔赶忙安慰苗可道：“你先别难过，我觉得这盘CD还有修复的可能。再说了，林芳不是你最好的朋友吗？我还记得你上次校运会借了她的鞋子参加比赛，后来好像还把人家鞋子的鞋跟给穿断了，对吧？林芳最后不是丝毫没有责怪你的意思吗？你还说多亏了她借给你鞋，你才能夺得比赛的第一名。往日的事情你都忘了？”

苗可被叔叔这么一问，脸突然红了起来：“对呀，林芳对我还是蛮好的。”

叔叔接着说道：“所以呢，她一定不是故意弄坏你的CD的，说不定她比你还难受呢。小可，何不宽容一下别人的错误呢？宽容会让你变得快乐的。”

苗可点头说道：“谢谢叔叔，经你这么一说，我的心情的确变得好受多了。看来学会了宽容真能带来快乐呢！明天上学的时候，一定要告诉林芳，我不生气了！”

由于亲情缺失，缺少情感和心理关怀，缺少倾诉和寻求帮助的对象，与外界不愿意接触或接触太少，一些留守孩子容易形成偏激的性格，对一些不顺心的人和事缺乏宽容精神，所以在人际交往中存在很大障碍，极度影响其身心的健康发展。

俗话说：忍片刻风平浪静，退一步海阔天空。宽容是一种品德，也是一种智慧，如果家长们教会留守孩子学会宽容，那么他就掌握了跟任何人交往的一种智慧。学会了宽容，就有了一份很好的人际关系；好的人际关系，会让人生活快乐。

那怎样才能让留守孩子学会宽容呢?

首先，教会孩子容忍别人的缺点。

大多留守孩子的人际交往能力并不强，所以，家长们有责任培养其宽容精神，让他在与人交往中获得快乐。家长们要告诉孩子学会包容和忍耐别人的缺点。因为，自己也可能有别人讨厌的缺点，多一点包容也就是多给自己与别人好好相处的机会。还要告诉孩子，就算他以后长大了，身边也可能有这样的人。忍耐意味着理解，也伴随着宽容。世界上没有相同的两个人，每个人和每个人都不一样的，所以要学会容忍。

其次，让孩子学会理解他人。

理解能带来宽恕，宽恕能带来和谐。家长应该让孩子明白，人人都有缺点和不足，只要不是特别过分，就应该理解和宽容。

一个不肯理解别人的人，就是不给自己留余地，因为每一个人都有犯过错而需要别人理解的时候。要让孩子在与同学或朋友的交往中学会理解他人。

在孩子与同伴交往的过程中，家长们要特别注意引导孩子理解和宽容比自己强的同伴、比自己“差”的同伴以及自己的竞争对手。帮助孩子学会不嫉妒比自己强的同伴，不嘲弄比自己“差”的同伴和不故意为难自己的竞争对手。孩子真正学会了理解，才能真正做到向比自己强的同伴学习，帮助比自己“差”的同伴，学会与竞争对手合作。也只有通过交往，他们才能体会到宽容的意义，体验到宽容带来的快乐。

再次，父母要教育孩子理解和尊重照顾自己的祖辈们，特别是要体谅祖辈们的辛苦，珍惜他们的劳动成果和对自己的爱护。

此外，要让留守孩子与其他家庭成员、亲戚和睦相处，让孩子从小就生活在一个温馨、和谐、友爱、宽容的家庭环境中，使其在潜移默化的影响中，逐步形成稳定的宽容忍让的良好习惯。

第四，教孩子学会心理换位。

心理换位是指当双方产生矛盾时，能够站在对方的角度思考问题，思考对方何以会如此行事、如此说话。如果真的能够做到这一点的话，就能够理解对方，从而减少很多不必要的矛盾。许多孩子只习惯于从自己的角度思考问题，而不习惯站在别人的角度上思考问题。要消除这种现象的办法就是“心理换位”。

站在父母的角度上考虑，就会理解父母的在外工作的艰辛；站在爷爷奶奶的角度上考虑，就会理解老人的那份关爱和唠叨；站在老师的角度上思考，就会理解老师的艰辛；站在同学的角度上思考，就会觉得大多数同学是可爱、可亲、可交的。所以，让留守孩子学会心理换位是非常必要的。

最后，让孩子多亲近大自然。

大自然可以陶冶孩子的情操，可以培养孩子宽容的品质。因为大自然有着无穷无尽的奥秘和神奇，是最生动的、永远也读不完的教科书。很多学者都说过，大自然的花草树木、山水虫鱼无不蕴含着美的因素。大自然的博大与雄浑可使人心胸开阔，性格开朗，心情愉悦，进而促人产生宽容之心。

所以，临时监护人要不仅只关注留守孩子的吃住等问题，更要关注其精神世界的培养。如果有条件，应多带孩子到郊外，让封闭在家中的孩子投入到大自然的怀抱中。另外，在外务工的父母可以趁孩子假期的时候，把孩子接到身边，带他们游历与家乡不同的地域风光，陶冶孩子的心灵，开阔孩子的视野和胸襟，这会对孩子宽容品质的养成起到积极的促进作用。

温情小贴士

要让留守孩子宽容别人的行为形成一种习惯，要注意做到以下几点：

1. 要教育孩子摆正自己在家庭中的位置，让他懂得他只是家庭中的普通一员，不能对他娇惯，不能无限度地满足他的愿望，不能给他特殊权利，让他高高在上。

2. 要求孩子心中有他人，不要总是以“我”为中心，一切只顾自己。

3. 必要时让孩子有一些吃亏让步的体验，以锻炼孩子的克制能力。

4. 留守孩子多半缺乏与同伴交往的机会，所以，家长们应鼓励孩子多与同学、朋友交往，使之从中得到锻炼。让孩子在发生矛盾的后果中体味到只有团结友爱、宽容谦让，才能享受共同玩耍的快乐。

怎样纠正留守孩子说谎的坏毛病

做家长的不要怕孩子第一次说谎，重要的是分析孩子说谎的原因及其病态发展的阶段，及时、恰当、有效地进行干预教育。

周末，爷爷想让覃天去地里帮叔叔干活，因为自从覃天的父母到外地打工后，家里的几亩地只能靠叔叔一个人忙活，他实在是累得够呛。可覃天却打着自己的“小算盘”：“哼，想让我去当苦力，没门儿！待会叔叔要是来叫我，我可一定得想招儿躲过去！”

早饭过后，叔叔果然对覃天说道：“小天，我一个人真的忙不过来，你快点去地里帮我搭把手吧？”

叔叔的话音刚落，覃天便故意面露难色，捂着肚子夸张地说道：“唉哟……我，我倒是想去帮你的忙，可我的肚子突然很不舒服……唉哟……”

看着覃天煞有介事的样子，叔叔几乎要相信了，可他转念一想，刚才覃天吃早饭的时候很正常呀，怎么一眨眼就病了？于是，叔叔便将计就计：“你肚子既然不舒服，那就快点到床上躺着吧。对了，晚上我和你爷爷要去外边下馆子，你肚子不舒服的话，就在家里自己熬粥喝吧。”

“啊？晚上你俩去下馆子，就只留我一个人在家喝粥呀？哼，这也太不人道了吧？”覃天抗议道。

“那家里的活儿都是我一个人干，你都 14 岁了，也不想着帮我分担一点，只会耍心眼偷懒，你也太不人道了吧？”叔叔反唇相讥道。

听罢叔叔的话，覃天的脸“唰”地一下红了，他知道自己的谎言已然被叔叔识破……

有一项针对留守孩子的调查也表明：三成的留守孩子经常说谎。对这些孩子来说，说谎的外在原因不外乎是受社会的、家庭的不良影响，或是伙伴群的交叉感染，而说谎的内在原因就比较复杂，就其本质来说，总是以虚假的言语来求得自我心理和物质享受的某种需求满足，或者是逃避责罚；此外，父母的家庭教育角色弱化，往往使留守孩子的家庭教育走向放任自流，从而使其养成了说谎的不良习惯。

说谎是留守孩子内在心理斗争的消极产物。对说谎孩子的教育，是摆在家长面前的难题。大部分留守孩子说谎通常主要出于以下心理原因：

一是掩饰心理。这类说谎纯粹是为了掩饰一时的过错或窘迫，维护自尊的需要，达到掩盖过失、避免家长或老师批评、责罚的目的，以求得心理平衡。出于掩饰心理的说谎通常在事后发生，在其言语表达中，掩饰性、否定性用词较多。

二是虚荣心理。明明自己过去没有，却又要装着有，结果用谎话来维持表面的光彩，以满足贫乏的心理需求，求得某种虚假的愉悦。虚荣心理通常有物质虚荣和精神虚荣两种。譬如，有个留守孩子经常和同学吹嘘，他爸爸在国外工作，赚了许多钱，给自己带来许多洋货。但是，一查下来，却是瞎吹牛的事，有时拿出来炫耀的“洋货”，都是他从地摊上买来的廉价货，而他的爸爸只不过是在外地的一个小工厂务工而已。

三是解脱心理。一些留守孩子为了使自己从临时监护人或教师的管教束缚下解脱出来，获得活动的自由而说谎。有这类说谎现象的孩子一般家庭期望较高，管束较多，活动自由较少。

四是享受心理。为了获得物质享受而说谎的留守孩子通常在说谎的“黑道”上走得比较远了，就心理原因分析，已经夹入较多的物质享受欲望，使得说谎“病入膏肓”。有一个留守孩子的爷爷对老师诉说，自己每月省吃俭用给孩子零用钱200元，可孩子还常打电话给外地的父母要钱，甚至还谎称爷爷从来不给自己零花钱。

针对以上原因，父母和临时监护人要明白，这些说谎的孩子，从他们出生以来第一次开始有意识地说谎，甚至发展到以说谎为恶习，都有一个过程。因此，做家长的不要怕孩子第一次说谎，重要的是要分析孩子说谎的原因及其病态发展的阶段，及时、恰当、有效地进行干预教育。

那么，家长该怎样对待留守孩子的说谎呢？

第一，由于孩子智力、知识水平尚低而造成的无意识说谎，家长不必大惊小怪，随着年龄的增长，孩子的记忆力、想象力、辨别力、分析能力的发展，这些说谎现象会自然消失。父母可亲切地指出与事实相违的地方，帮助他们把希望、想象与现实分开，切不可粗暴地训斥，也不要归结为道德问题，否则，会使孩子感到莫明其妙，惊惶失措。

第二，孩子有说谎的不良行为，成人要耐心教育，循循善诱。家长先不要责备孩子，而是要找出原因，属于有意识说慌的，要帮他分析危害。可用形象的事例来帮助孩子了解说谎是一种不良行为，会失去别人的信任，会失去朋友，并鼓励他，帮助他改正。当孩子有了进步，要及时表扬，给予信任。要激励孩子鼓足勇气，积极向上，争取做一个高尚的人。

第三，树立榜样。榜样的力量是无穷的，身教胜于言教。成人要做到不说假话，说到做到，言行一致，表里如一；也可通过故事、电影及文学作品等为孩子树立榜样。家长切不可不负责任地对孩子轻易许愿，如“你要是乖，我今年春节就回去看你。”“爸爸妈妈很快就会接你到身边住。”等等，而后来又不兑现，久而久之，孩子也会跟着你学说谎话。

第四，不管孩子做了多大的错事，只要敢于承认并决心改正，家长都要旗帜鲜明地加以表扬鼓励。至于孩子做错事后说了谎话，则要具体分析原因加以处理，不可一概而论，特别不要打骂孩子。因为孩子做错事，一般都持有良好的动机，只是由于体力、方法或其他方面的原因而把事情弄坏了，这不应该受到批评指责，而应该在表扬鼓励他们做好事的同时，很好地引导他们怎样做才不致出错，以保持他们的积极性，并使他们在以后出错时不会怕挨打骂而说谎。

第五，要从小事抓起，通过实践培养孩子诚实的思想行为。指导孩子处理问题，从小事开始，严格遵循实事求是、老老实实的原则，绝对摒弃花言巧语、弄虚作假的作风。还可以专门设计一些考验孩子的情境，让孩子做一些易于出错的事，在实际中考验和锻炼他们。

温情小贴士

虽然对说谎孩子的教育有一定的难度，但是，家长不应该胆怯，而应该勇于面对。如果孩子说谎不是因为家长自身也有如此不好的品行而引发的，那就应该相信孩子也是能够转变的。

一是抓早。说谎是一种很容易转化为恶习的行为，稍微耽搁就会造成习惯性的后果。因此，家长一定要抓早，最好是对孩子第一次说谎事件就能察觉，至少是早期察觉，并开展有针对性的教育。孩子第一次说谎可能带有某种“童稚”、“童趣”，家长不要因此而疏忽大意，甚至当做好玩，而要及时予以严格的纠正或抑制。

二是抓巧。就是对孩子说谎的教育要讲艺术，讲方法，不要生硬、死板。对于初次说谎的孩子要给予“隐私”待遇，留一点面子，不要轻易给予揭露，即不要在大庭广众予以“曝光”，最好让知道的人越少越好。即使是对多次发生说谎事情的孩子，也应该考虑他的自尊需要。相信给予孩子自尊，他一定会给予教育者以回报。

三是抓好。就是对说谎孩子的教育绝不能“三天打鱼，两天晒网”，而要在相当长的一段时间内，坚持不懈地观察，变着方式教育鼓励，直到真的断根。

第三章 留守孩子的青春哀愁

寻找“失落的爱”

对于青春期的孩子，要引导他们把旺盛的精力转移到学习和正常的娱乐活动上来。早恋是枚青苹果，酸涩可想而知，预防工作要在早恋的萌芽出现之前开始。早恋不可怕，关键在转化。

说来奇怪，当王禹第一眼看到小婷的时候，便对她产生了莫名的情愫，王禹觉得小婷和自己的妈妈长得很像，每当看到这个女孩，他会有一种久违的温暖。

王禹是个留守孩子，他的父母常年在外地打工，这么些年来，王禹和父母团聚的时间屈指可数，由于缺少亲情的关爱，王禹非常渴望爱，渴望寻找“失落的爱”。所以，当小婷出现在他面前的时候，他脑海里只有一个想法：“一定要让小婷做我的女朋友！”

于是，王禹对小婷展开了强烈的“爱情攻势”：每天都会给小婷买一份早点；每天给小婷写一封情书；每天都会等小婷放学……一个月后，王禹顺利地追到了小婷。

其实，同是留守孩子的小婷也和王禹一样渴望爱，相同的成长背景让这两个还未成年的孩子走到了一起。

可他们的爱情能走多远呢？关于这个问题，王禹和小婷都询问过彼此。王禹的回答是：“我们现在虽然只有16岁，可我们的爱情是真挚的。在这份爱情中，我找到了家的感觉，我的内心也变得温暖起来。”

而小婷的答案更直白：“我俩马上就要中学毕业了，等毕业后，我们就去大城市打工，像我们这些留守孩子不需要读太多的书……等过了几年后，我们就会结婚。我们的爱情终会修成正果。”

现如今，王禹和小婷这对“小情侣”已无心上学，他们一心盼望着早日毕业，早日去大城市实现自己的“爱情梦想”……

现在，青少年早恋大有愈演愈烈的态势，不得不引起广大家长的高度重视。究其原因，是多方面的：物质生活的提高，饮食的改善，造成了孩子生理上的性早熟；社会开放程度越来越大，电视、网络、书籍让孩子接触到大量的性信息、性画面……等等。而留守孩子的早恋除了以上一般原因以外，更有它特殊的原因，那就是为了寻找“失落的爱”。现在的孩子都是独生子女，从小被长辈宠着，生活条件比较优裕。丰厚的物质条件会催化出强烈的欲望，其中更包括对情感的欲望，他们对“爱”的需求量远比上一辈的人大。而进入青春期后，与父母、长辈慢慢有了代沟，缺少交流，心灵慢慢疏远。如果再加上父母远离孩子或是很少回家探望孩子，空间的疏远必然进一步加深心灵的疏远，这样势必让孩子感觉亲情的缺失，爱的失落——从童年时的呵护依偎到现在的形单影孤，这种失落感造成了严重的被遗弃的感觉。所以，孤独、寂寞的留守孩子更渴望被关注，更渴望被爱，也就更容易陷入早恋，以平衡他们对情感的欲望，对爱的需求。

但对于这些正处于成长阶段的留守孩子而言，过早的恋爱是具有一定的危害性的，轻则影响学业，重则导致孩子陷入误区。因此，家长们必须了解孩子青春期特点，加强这方面教育，预防为主，未雨绸缪。男女孩子进入青春期，生理上有许多变化，对异性产生爱慕，这是人体发育的一种本能，是孩子告别少年时代经历的特定时期。

对于青春期的孩子，要引导他们把旺盛的精力转移到学习和正常的娱乐活动上来。早恋是枚青苹果，酸涩可想而知，预防工作要在早恋的萌芽出现之前开始。早恋不可怕，关键在转化。

那么，家长该如何防止孩子过早地品尝那枚“青苹果”呢?

首先，大人们要做孩子的良师益友，不使矛盾激化。处于心理封闭期的少男少女，能把隐私暴露出来，恰好为家长提供了教育的机会。家长要做留守孩子的良师益友，要赢得他们的信任，因为在这个阶段，他们更需要得到家长的关心和理解。别把早恋视为洪水猛兽，它是人类情感的自然流露。

处于青春期的留守孩子心智还未成熟，容易受到情感的伤害。如果家长发现孩子陷入恋爱，首先想到的应是爱护，及时采取合适的方法去引导和干预，力争将伤害降到最低。要实行底线教育，帮助孩子建立有效的

“防御”体系：萌动期的要及时劝阻，热恋期的要适当降温，失恋期的要为他（她）抚平伤口。不要担心这会袒护或纵容孩子，预防和干预总比受伤害要好得多。

其次，努力把家庭营造成一个温馨、和睦的乐园，让孩子有安全感。在留守家庭中，远在外地务工的父母应该通过电话、书信等方式积极与孩子进行情感交流。不要一开口就问学习如何？成绩如何？名次如何？可以从生活的其他方面，从孩子感兴趣的话题入手。交流要讲艺术，静下心来好好思考，找到解决方法，获得理想的教育效果。留守孩子在成长过程中难免遇到困惑。譬如，大人们期盼孩子成绩优秀，但实际却不理想；学校反对早恋，孩子偏陷入恋情；孩子违反纪律，遭到严厉批评……这些矛盾冲突会使孩子受到压抑，所以，父母和临时监护人要及时帮他们从思想上提高认识。

再次，如果发现孩子陷入早恋，孩子对所爱慕的对象魂不守舍时，家长不能用讥讽、责骂甚至惩罚的方式来对待孩子，更不能冲向学校和对方家中，或向邻里诉苦，弄得满城风雨。最好的办法是理解孩子，体贴孩子，运用“冷处理”的办法。因为当孩子产生恋爱情感时，随着憧憬产生激动，也会为伤感、社会环境压力、甚至性欲的纠缠而苦恼。父母不但要洞察孩子这种内心情感，而且还要从旁加以引导；要耐心地倾听孩子的诉说，并给孩子以热情、严肃的忠告。要教育孩子懂得自尊自爱，区分友谊与爱情的关系，适当地向孩子讲讲爱情的社会道德性和爱情的权力责任，使孩子对恋爱、婚姻有更进一步的认识。要告诉孩子初、高中生谈恋爱最后“终成眷属”的还不到3%，成功的可能性非常小。要使孩子知道，早恋对中学生学业有影响，如果因谈恋爱影响到不能继续求学深造，即使两人结婚了，生活也必将充满坎坷与矛盾冲突。对孩子早恋问题，家长的教育既要和风细雨，又要有一定严肃态度，不能埋怨、责备。家长要明白，帮助孩子走出“早恋”的困惑是需要一定的时间的。

最后，留守孩子的家长要与学校保持最密切的联系，孩子如果发生早恋，家长既不能放松，也别大惊小怪，更不要难为情。要及时与学校保持密切配合，放下面子，积极沟通，配合老师，问题就一定能够得到解决。

家长和老师应鼓励孩子积极参加对身心健康有益的活动，以转移其注意力，发泄其充沛的精力。校内丰富多彩的集体活动，校外的旅游、交友、公益劳动等既可锻炼身体，又可益智、养性。同时，鼓励孩子根据个人兴趣，发展个人爱好，如进行集邮、读世界名著、练习写作投稿，使课余的时间充满情趣，充满快乐，也许，“早恋”的情感会适当减弱和转移。

温情小贴士

处于青春期的留守孩子很容易陷入恋爱的泥潭，这是因为他们缺少爱而渴望被爱，因为被爱而容易感动。来自异性的关爱会让其倍感珍惜，有一种“家”的感觉，并逐渐地形成一种心理和情感上的依赖。

对待孩子的早恋问题，家长们无须“草木皆兵”，也不用“因噎废食”，关键是要设置好预防和干预这两道防线。只有同时做好“由内而外”的预防和“由外而内”的干预这两方面的工作，孩子才能远离早恋的“陷阱”，才能平安度过“心理断乳期”而健康地成长。

当留守孩子进入青春期，家长在对孩子进行性教育的同时，要进行一些适当的性、恋爱、婚姻教育，先打一打早恋的预防针。当发现孩子有早恋的苗头时，家长不要惊慌失措，如临大敌，要对孩子进行热情的帮助，可以告诉他们：喜欢心目中特定的异性是每个处于青春期的人都会发生的，但这种喜欢只能保持在友谊的层面，不能成为“恋爱”，因为你们正处于长身体、长知识的黄金年龄阶段，生理、心理发展尚不成熟。如果因为早恋而荒废学业、前途是非常可惜的。

加强青春期留守孩子的性教育

父母可利用身边或社会上发生的事件与孩子一起进行讨论，向孩子阐述自己对一些问题的看法；为避免一些问题的发生，应该采取的预防办法；以及事件发生之后，应该采取的解决问题的方法。

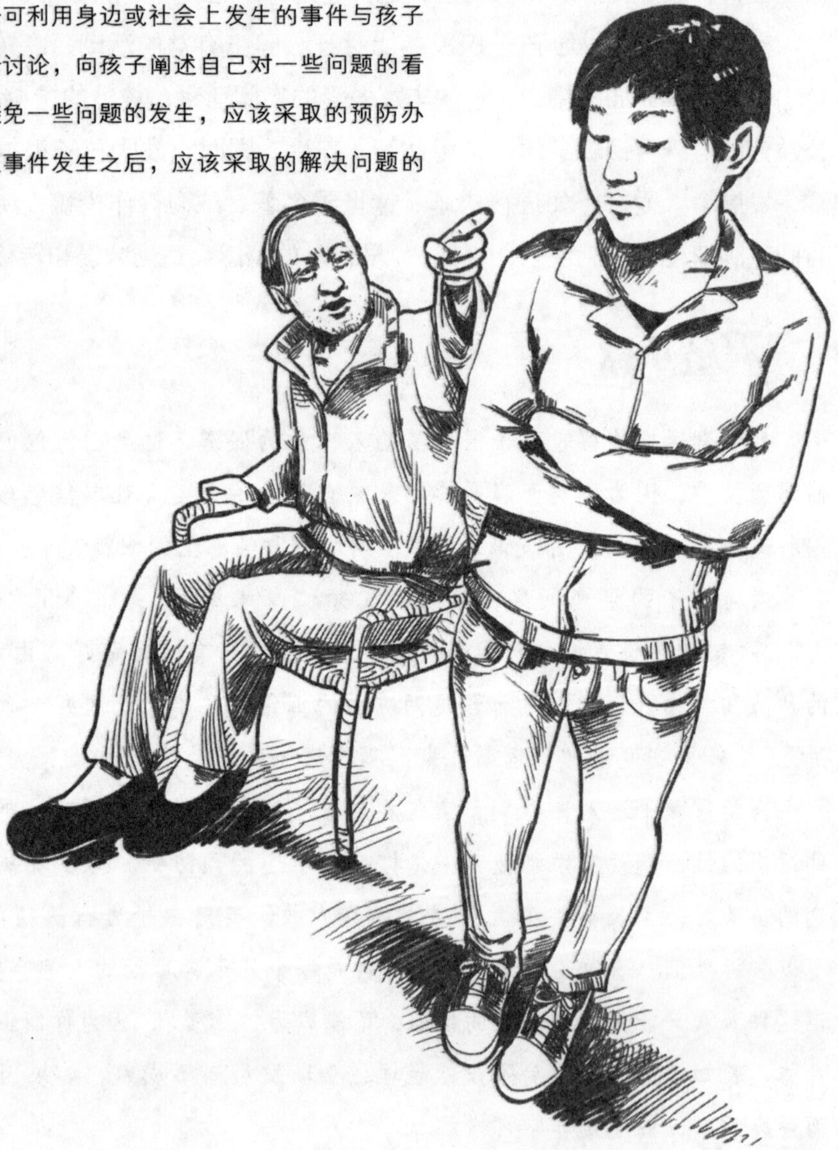

菊仙今年只有14岁，可谁能想到，这样一个花季少女居然堕过两次胎，是什么原因让这朵还未开放的鲜花过早凋零？

菊仙是个留守孩子，她的父母在她上小学一年级的时候便外出务工了，抚养菊仙的任务便落在只有小学文化的奶奶身上。奶奶一边忙于繁重农活，一边还要忙家务活，自然再没有精力和能力关心菊仙的成长教育。

记得菊仙12岁那年，她和邻居一个16岁的男孩“好”上了，那时的她根本不知道任何性知识，更谈不上如何保护自己。在一个雨夜，菊仙和这个男孩发生了性关系，懵懂无知的她就这样献出了自己宝贵的“第一次”。几个月后，菊仙突感身体不适，待奶奶陪着她上医院检查后，才得知自己居然已经怀孕两个月了。这个消息对于奶奶而言宛如晴天霹雳，她怎能料想到12岁的孙女居然干出如此“见不得人的丑事”。于是，奶奶立刻决定让菊仙做人流手术。

在经过那次惨痛的流产事件之后，菊仙便被父母、奶奶和亲戚们看做是一个“坏孩子”，他们没有对孩子进行正确的性知识教育，而是对菊仙进行责骂。菊仙从那时起，便“破罐子破摔”了，她不断地更换男友，甚至有段时间还和一个男孩过起了秘密的同居生活……

留守孩子是一个特殊的未成年人群体。他们的父母外出务工、经商，把他们留在原住地入学接受教育。由于长期得不到父母亲面对面的教育和关爱，留守孩子青春期性教育基本缺失。

因此，加强青春期留守孩子的性教育已成一种迫切的需要。一方面，我国大部分留守孩子生长在偏远的农村家庭，而农村思想开化比城市慢，青少年儿童的性教育问题一直羞羞答答，父母不愿讲，老师不敢教；另一方面，有研究报告表明，与50年前相比，男孩首次遗精和女孩月经初潮的平均年龄提前了1.5~2年。由于物质条件的提高，现在的孩子性发育加速

了。这一慢一快，很容易出问题，特别是对正处于青春萌动期的留守孩子而言。而在此时，如果家长不适时地介入性教育，则可能让孩子在性认知上出现偏差。

那么，家长该如何对处于青春期的留守孩子进行必要地性教育呢?

1. 教给正确的名称

家长们要尽可能地教给孩子身体各部位的正确名称如阴茎、外阴等，这将有利于你与孩子更精确和方便地交流性方面的问题。身体上各部位的正确名称也有助于你向孩子解说什么是性侵犯，孩子也可以清楚地向你叙说是否有性侵犯发生。

2. 不要等待发问

有时家长感觉孩子总也不问问题。其实，有时也没必要等到孩子发问才开始谈论，父母可以利用身边或社会上发生的事件与孩子一起进行讨论。向孩子阐述自己对一些问题的看法，为避免一些问题的发生，应该采取的预防办法，以及事件发生之后，应该采取的解决问题的方法。

3. 当你不知道的时候要承认它

有时面对孩子提出的问题，不知道该怎么回答，或根本就不知道。这没有关系。向孩子承认自己不知道。好的办法是父母在回家探亲的时候，抽空与孩子一起查资料，去寻找答案。而临时监护人也可给留守孩子购买相关的性教育图书，让孩子能够通过正确的渠道了解相关的性知识。通过这件事可以使大人在孩子面前树立一种诚实、为孩子解决问题的榜样。

4. 你做的和你说的一样重要

家长们应注意孩子从大人身上得到的非语言信息。如夫妻之间的相互尊重、忠诚、共同承担家务、尊老爱幼、助人为乐、文明礼貌、对工作认真负责、诚实守信等等都会通过父母的行为传递给孩子。

5. 尊重你的孩子

以下讨论三个重要的影响因素，这些因素将影响你的孩子如何处理青少年及以后成人的性问题。这三个因素是：自尊、隐私和如何做出决定。

（1）帮助孩子建立自尊

自尊是正向的自我观念，是一种对自己的尊重和喜欢自己。良好的自尊是心理健康的一个非常重要的部分。表扬和支持可促使儿童建立自尊，一味地批评不利于孩子建立自尊。

孩子的自信、自尊需要来自家长的鼓励，而且这种需要一直持续到青春期。

（2）尊重孩子的隐私

隐私的概念应该从开始对孩子进行性教育时起就灌输给他。一个学步的小孩当他被告诉某些东西是别人的不能动时，他就有了某种最初的拒绝的概念。告诉孩子，生殖器是人的隐私部位，在没有得到自己允许的情况下其他人无权看或摸这个部位。

（3）帮助孩子学习如何做决定

发展孩子做决定和自我判断的能力也是性教育的一个非常重要的内容。在青春期前或青春期，多数孩子将面临着与性有关的情境，不得不做出他们的决定，他可能需要知道什么是一个安全的约会或社会郊游，什么情境潜伏着性侵犯的危险。

6. 应教育孩子区分“爱”和“性”

对于尚处于青春期的孩子而言，往往不能区分“爱”和“性”，将两者混为一谈。“爱”是需要时间慢慢培育的，而“性”只是短时间的生理满足。在孩子还没有真正进入自己独立的社会生活中，他们对异性的感觉很大程度上只是性而不是爱。事实上，那些受“早恋”困惑的孩子，就在于他们没有弄清这种感觉到底是什么，更不知道要如何排解，也不知道如何克制自己，因此他们就会陷入一种不能自拔的情感世界中。

如果家长能正确引导孩子区分两者，通过合适的途径告诉孩子正确排解“性冲动”的方法，孩子就不会为了一时的生理满足而去耗费大量的时间，这才是让孩子能够不受“性”骚扰的重要办法。

7. 要让孩子知道必要的性安全知识

有调查显示，留守孩子的边缘性行为、发生实质性交行为、遭受性侵害等情况明显多于非留守孩子，而获得抚养人给予的性安全教育及自我性保护指导则明显低于后者。所以，父母和临时监护人必须加强对留守孩子进行性安全知识的教育。

温情小贴士

家长们应该加强培养留守孩子的责任意识。培养其对家庭的责任感，他们就不会为一时的痛快来耽误自己的前程。这样，即使有性的诱惑，也会知道如何控制自己。

家长要清楚地认识到，孩子有性意识，甚至有性行为并不会必然导致堕落。相反，如果大人总是用异样的眼光看待孩子的性成熟，反而可能把孩子往坏的方面引导。

要给孩子更多其他的诱惑来吸引他的注意力。俗话说，邪不压正，家长们要让孩子在正面的教育中获得成就感，而不是设法让孩子躲避性冲动的诱惑。孩子的自控能力早在幼儿园时就已经开始逐步建立了。比如，好的成就得到别人赏识的诱惑，劳动得到报酬。这样，即使孩子有越轨行为，也不至于造成不良后果。

那一场虚幻的网恋

父母要尽可能地多与孩子沟通感情，要明确告知孩子网络恋情的虚幻性，让孩子做好自我防护。父母不能只关心孩子的学习与生活，而且要关心孩子的思想，经常听听孩子的心里话。

邹蕾的父母都在外地工作，为了不让邹蕾感到孤单、寂寞，他们特意给孩子买了一台电脑。这倒好，邹蕾从此便迷上了网络聊天，甚至还陷入了一场虚幻的网恋中……

每天放学一回家，邹蕾干的第一件事情就是把自己的QQ挂上，她迫不及待地想要和电脑那头的“他”谈情说爱。邹蕾对“他”非常着迷，因为“他”能让邹蕾忘掉对父母的思念，能帮助她解答许多学习、生活中遇到的困难，更重要的是，那个“他”能帮孤独的邹蕾找到被人关爱的感觉。

自从和网络那头的“他”恋爱后，邹蕾的学习成绩便一落千丈，她根本无心听课，满腹心思都是“他”。在一个夜晚，网络那头的“他”对邹蕾说：别上学了，来我所在的城市见面吧，以后我们在一起好好生活。

幼稚的邹蕾居然无条件地听信了网络爱人的话，她给家人留了张字条后，便偷偷地离家出走了。可等待她的却是一场噩梦。原来，“他”是一个人贩子，专门在网络上欺骗一些无知的少女，待这些女孩与“他”见面之后，“他”便会把她们拐卖到偏远的山区，邹蕾就是这些可怜少女中的一员。

留守孩子面临的最大问题是情感孤独。于是，网恋便成为了他们宣泄情感、排遣孤独的方法。像邹蕾这样的青春期留守孩子由于缺乏父母的有效监管，对谎言的识别能力低，又希望获得他人的关爱，因而非常容易被网上那些人的甜言蜜语所迷惑，跌入网恋的陷阱中。

因此，家长要让留守孩子充分认识网络世界的虚拟性和险恶性，让他们对网络恋情多一分清醒，少一分沉醉，时刻保持高度警惕。

那么，留守孩子出现了网恋该怎么办呢？

第一，父母要尽可能地多与孩子沟通感情，要明确告知孩子网络恋情的虚幻性，让孩子做好自我防护。父母不能只关心孩子的学习与生活，而且要关心孩子的思想，经常听听孩子的心里话。要针对青春期孩子易冲动的特点，帮助孩子学会分辨现实与虚拟，不受网恋虚拟情感的诱惑。

其实，父母外出并不意味着放弃了对孩子的监管，要尽可能地多和孩子的临时监护人、老师联系，时刻关注孩子在家、在校的情况。一旦发现孩子沉迷网恋，就要及时采取措施。

第二，家长们不要因为孩子搞网恋就动辄打骂。这样不但起不到好的效果，闹不好还会引起孩子离家出走等过激的反抗。正确的态度是，应该因势利导，教育孩子上网时，应该多学习电脑知识，浏览网上有益的东西，但什么都应该有一个度的问题，不能陷入网恋不能自拔。通过深入细致的思想工作，逐步使孩子改变自己的做法。

如果发现网恋并没影响孩子学习成绩，而是让孩子在紧张的学习之余，有了倾诉宣泄的对象，还起到了积极的作用，家长可以适当引导。但未雨绸缪，也要旁敲侧击、含沙射影讲一些能帮助孩子正确对待网恋的故事，正确引导孩子，让孩子的网恋趋于健康。家长们没有必要大惊小怪，谈虎色变。关键是平时要关注孩子，了解孩子的思想情感动向。如果网恋影响到了学习，家长要选择恰当的时机，和孩子进行朋友似的交谈，让孩子正确地认识到网恋的危害性。这时，一定要把握好语言、方式，切忌伤害孩子稚嫩脆弱的情感，造成孩子逆反和抵触心理，或者给孩子成长留下阴影。

第三，对那些网恋已经成瘾的孩子，要采取一些必要的措施。在向孩子讲清危害、取得孩子一定程度理解的基础上，强制孩子离开网络一段时间，在这期间，临时监护人要带领孩子多做一些有益的活动，以帮助孩子克服对网络的依赖心理。如果这种办法还不能奏效，就要带孩子去看心理医生，到那里寻求帮助。

温情小贴士

留守孩子陷入网恋，如果从从心理学角度来看，有可能是家庭情感缺失的一种体现。作为孩子的父母和临时监护人可以试着从以下几个细节入手，让孩子远离网恋的陷阱：

1. 生活上给孩子更多的关爱，增强家庭成员之间的情感交流，使孩子体会到家庭浓浓的亲情。

2. 当孩子想上网时，就带孩子去参加他（她）喜爱的户外活动，让孩子充分享受到现实世界的美好。

3. 鼓励和帮助孩子多参加学校或其他社团组织的集体活动，孩子见识到更多、更优秀的同龄人，自然就不会盲目沉迷于网恋了。

4. 关注孩子日常的生活和学习，帮助其逐步养成良好的生活、学习习惯。孩子旺盛的精力都被利用了起来，自然就没有闲工夫再沉迷于网恋了。

如何对待叛逆期的孩子

只有进入孩子的内心世界，才能相处得更融洽。当父母与孩子相处融洽了，孩子就不会反叛了。

在爷爷心目中，小怡一直是个听话、懂事的好孩子，可自从小怡上了初二后，她的性情却发生了巨大的变化，变得非常叛逆、任性。

这天晚饭后，爷爷让小怡帮奶奶洗碗，谁知小怡回了一句："我爸爸妈妈每个月都会给家里寄足够的生活费，所以我在这里并不是白吃白喝，也不会当你们的使唤丫头。"

孙女的话让爷爷感到十分愕然，他气得话都说不出来了。

一旁的奶奶见此情景，便批评小怡道："你这孩子怎么说出这样没良心的话呀，爷爷奶奶什么时候把你当丫头使唤了？从小到大，我们都把你捧在手心呀……"

奶奶说着说着便哽咽起来。

望着老泪纵横的奶奶，小怡居然一副无所谓的样子，她大声地冲爷爷奶奶说道："我就是没良心，怎么样?"

小怡的话让爷爷愤怒至极，老人抬起手狠狠地给了孙女一巴掌。爷爷的一巴掌把小怡给打蒙了，她捂着脸，狠狠地瞪着爷爷奶奶。

小怡的眼神让爷爷越发地生气，他随手抄起墙边的扫帚，就往小怡身上抽。嘴里还不停地骂道："我今天就代替你老子好好教训你这个混帐东西，看你以后还敢不敢说出这样大逆不道的话来……"

爷爷的扫帚狠狠地抽落在了小怡的身上，可她却没有躲闪，她冷冷地对爷爷奶奶说道："你们最好今天能打死我!"

青春期是一个人成长发育的关键时期，处于这个时期的留守孩子由于无法接受到父母思想认识及价值观念上的引导和帮助，成长中缺少了父母情感上的关注和呵护，极易产生认识价值上的偏离，如果没有对其进行适当引导，孩子很容易在认知、理解、运用等环节产生技能和心理上的障碍，尤其在一些非正常的外界因素影响下，往往会激发他们潜意识的反抗，刺激他们对外界采取抗拒行为，形成“叛逆”。

塑人工程是门艺术，面对这些处在人生十字路口的“叛逆”孩子，家长的教育要更加耐心、细心和用心。父母和临时监护人若发现留守孩子有逆反心态，可采用以下方法来化解：

第一，避免两极教育误区。

家长们应辩证看待孩子的青春叛逆期，该阶段是孩子世界观形成的关键时期，其个性和创造性都恣意升腾，伺机张扬；同时，由于孩子身心发展、所受教育的局限，他们形成的诸多想法并不成熟甚至偏激，这就需要靠外界教育正确引导孩子。但在现实的教育中，一些家长却很容易陷入教育两极分化的误区。

误区一：全面打击。有的家长面对孩子的叛逆言行，如顶嘴、不听话等，大为恼火，觉得不把孩子的这股“邪劲”压下去，孩子就有可能变坏。于是，家长采取了强硬的措施，非打即骂。渐渐地，孩子表面上恢复到以前那个言听计从的“乖孩子”，实际上，已关上心灵深处那扇与父母交流的大门。

误区二：放任自流。在现实中，一些临时监护人面对难教的留守孩子，在几度管教而无多大起色后便失去了信心，开始对孩子放任自流。此时，无论孩子的言行、想法怎样，临时监护人都不再过问、指导。久而久之，孩子受到不良影响，行为发生偏差，待临时监护人发现懊悔时，已为时晚矣。

第二，对于叛逆较明显的孩子，家长们应学会与其进行有效地沟通。下面介绍几条比较实用的亲子沟通技巧：

1. 尊重孩子。家长们不要老是盯着孩子的弱点，不要拿孩子的短处同别的孩子的优点比较。在与孩子接触时，家长应尽可能多找孩子的优点，并多鼓励，减少孩子对家长的抗拒心理。

2. 换位思考。家长们也是从青春叛逆期走过来的，只是没有现在的孩子表现得明显。所以面对孩子令人不解的行为，不妨换位思考，想想孩子为什么会这样。有了共鸣后就会理解孩子，能找出问题的症结。

3. 忌从学习入题。同孩子交流，家长不要老以学习成绩入题，这样只会让孩子心有压力，怀疑家长交流的动机。交流时，家长可以从家事人手，将孩子的情绪稳定下来后，再谈正事。

4. 稳定情绪。家长带着情绪去教育孩子，肯定是不理智的，会导致孩子愈加抗拒。所以，家长在急躁、心烦、不冷静的时候，不要教育孩子。待冷静后，再去同孩子交流。

5. 允许孩子犯错。这个阶段正是孩子形成主见的关键时期，小错肯定难免，所以，家长应该允许孩子犯一点错、吃点亏，不要过分束缚孩子的手脚。同时，家长是孩子最好的榜样，叛逆期的孩子模仿能力强，家长的良好言行能给孩子潜移默化的影响。

第三，开放自我。

当家长们发现孩子的兴趣影响到功课时，不要立即禁止，最好能多了解情况。如陪孩子一起上网，和孩子讨论他们的偶像，以此提醒什么是应该学的，什么是不应该学的。只有进入孩子的内心世界，才能相处得更融洽。当父母与孩子相处融洽了，孩子就不会反叛了。

第四，给孩子下放自主权。

孩子进入青春叛逆期后，格外渴望得到外界的认可和尊重。所以，家长要注意对他们下放自主权，以帮助孩子从不谙世事向成熟过渡。

“你应该”、“你必须”、“你懂什么”诸如此类的话是不少家长的口头禅。但面对叛逆期的孩子，家长们要尽量少说这样的话，内心深处认为自己已是大人的孩子是不会接受这种命令式口吻的。

温情小贴士

为了从根本上来化解留守孩子的逆反心理，父母和临时监护人必须做好以下与孩子的沟通：

其一，家长们必须很具体地说出不满意孩子的某种行为；

其二，家长们应说出自己不满意的心情；

其三，家长们不要作无谓评语和推测；

其四，用提醒的语气讲出，孩子才能感受到大人们的出发点是关心自己；

其五，以问题的方式启发孩子思考，是引导而非教导；

其六，家长们要威严地做出要求，一定要注意语气，并说明理由。

如何纠正留守孩子的偷窃行为

父母和临时监护人要加强对留守孩子的成长教育，一旦发现孩子有偷窃行为，就要采取及时纠正、教育的强硬措施。

在学校保卫科里，强强和岗子正低着头蹲在墙脚边上。此时正是上课时间，他俩为什么会在这里呢？原来，这两人今天在偷小卖铺的东西时，被保卫科长抓了个正着。

只听保卫科长严肃地说道：“你俩可是‘惯犯’啦，前几天你们就因为偷拿同学的钱而被老师送到这里来，这才过了多久？手又痒了？再这样发展下去，你俩总有一天会被关进监狱里去！”

强强和岗子没做声，只是头更低了。

保卫科长继续道：“待会儿你们给父母打个电话，让他们来学校一趟，我要好好和他们谈谈。”

“我爸我妈不在家。”强强和岗子几乎是异口同声地说道。

“为什么不在家？”保卫科长追问道。

“我俩的爸妈一直在外地打工，有好几年都没回家了。”强强低声地回答道。

听到这里，保卫科长的心中一沉：原来这两人是留守孩子呀，怪不得，哎……

强强见保卫科长不说话，便朝岗子使了个眼色，示意让他说话，于是岗子故作痛苦状道：“老师，我们以后再也不会偷拿别人的东西了，我们保证一定改正。请再给我俩一次机会吧？”

“再给我们一次机会吧？”强强也附和道。

“好吧，看在你俩真心悔过的份上，我就暂且饶过你们。以后千万别再偷东西了，这可是极坏的行为呀……现在快去上课吧。”保卫科长语重心长地说道。

科长话音刚落，强强和岗子便一溜烟地跑出了保卫科。刚离开保卫科没多远，强强便朝岗子神秘地笑道：“我们的保证，他也敢相信，真是笨蛋。哥们，我看中了一辆自行车，晚上动手，如何?”

“嘿嘿，没问题!”岗子打了个响指，得意地答道……

有关资料显示，目前在偷盗、抢劫犯罪中，青少年所占比例高。在犯罪的未成年中，缺少家庭温暖以及留守孩子占多数。

留守孩子的父母，往往一外出就是好几年。他们担心路途远、费用大，加上不好找工作，不回家的就占大多数。留守孩子与父母逐渐生疏，父母就算回来，也就是十天半个月，彼此还没熟悉，又要离开了。因此，有些父母也故意保持一定的距离，免得让自己的孩子产生挂念之心。那么，缺乏关爱和教导的留守孩子，极易走上偷窃、抢劫的犯罪道路。

因此，父母和临时监护人要加强对留守孩子的成长教育，一旦发现孩子有偷窃行为，就要采取及时纠正、教育的强硬措施。

首先，当家长发现孩子有偷盗行为后，一定要冷静下来，弄清孩子偷盗的目的。

一旦家长发现孩子“偷”了东西之后，首先的反应是大吃一惊，小小年龄就“偷”东西，长大了还了得？接着的行动不是骂、便是打，以示教育。很少去分析孩子“偷窃”的目的、动机是什么？所以，孩子“偷窃”的行为也不能彻底改掉。有的5~6岁或者10~12岁的孩子偷别人的东西，其价值数目很小。有时拿来的东西自己家里也有，分析不出其目的是什么。实际上这类留守孩子是感情的混乱，他们似乎盲目地企求某样东西以达到心理上的满足。这类孩子平时心情不愉快、孤独，感情上得不到满足，尤其10~12岁的孩子生活上已能自理，临时监护人平时很少关心。有的留守孩子把“偷”来的钱买些小东西送给同学，“笼络”他们，建立同学之间的感情以弥补家庭感情的不足，消除孤独和苦闷。

此外，很多的留守孩子因看到同学的家长给零用钱可以随意购买东西，而自己的父母因为不在身边，所以很少给自己买东西，由此产生了偷盗的念头；极个别的孩子甚至还把“偷窃”行为当成是一种“报复”。

其次，当发现孩子有偷窃行为时家长应明确地表态，反对这种行为，并且坚持要把偷来的东西还掉达到教育的目的。至于归还的方式要考虑。往往有的家长故意当众让孩子将东西归还失主以示教育，这种方法不可取，非但起不到教育的目的，反而会使孩子觉得受到了羞辱。

再次，在教育孩子的时候，家长要注意方式方法。有些家长发现孩子“偷拿”东西后，怒不可遏，一顿打骂。很多家长认为只有“打”才是改正“偷窃”行为的最好对策。其实错了，打得厉害、疏远了家长与孩子之间的感情，他会感到更孤独，得不到家庭的温暖。哪一个有“偷窃”行为的孩子是被家长责打后改掉的？相反，偷窃的行为非但没有改掉，而且不敢回家，流浪在外，与社会上的坏人交往，被他们所利用，最后走入歧途，甚至会触犯法律受到制裁。

有些家长把孩子“偷拿”别人的东西看作是小孩子不懂事，没有必要大惊小怪，等将来长大了自然就会好的。或者出于面子的考虑、或者不知道该如何应付，便把孩子的“偷窃”行为不了了之。这样的处理方式是不对的，孩子就会认为他的这种行为是被允许的。这样长期以来就会养成“惯偷”的习惯，最终会走上犯罪道路。

第四，家长应了解孩子平时所交往的朋友。有些留守孩子的偷窃行为是跟随了一些社会上的不良少年。所以，11～12 岁有偷窃行为的孩子，家长一定要排除其背后是否有惯偷犯的唆使的可能。

最后，有偷窃行为的孩子，在接受教育后，有时会有所改变。当新的行为尚未巩固时，旧的行为在短期内仍会影响他们。当孩子出现反复时，家长切不可急躁，既要批评，又要耐心说服，使孩子受到震动，感到内疚，才会自觉改正。

温情小贴士

留守孩子偷窃，绝大多数是因缺乏家庭关爱，缺乏正确的道德观念开始的。因此，对这类孩子进行矫治，必须先从帮助他们形成正确的是非观念，增强是非感开始。要做到这一点，必须从他们现有的实际认识水平出发，逐步提高。应让孩子懂得偷窃是一种不良的行为，如果今日小偷小摸，就有可能在将来会大偷大摸，走上犯罪的歧途。通过反复教育，培养孩子的是非观，增强改邪归正的决心。

对于有偷窃行为的孩子，家长也应保护他们的自尊心，努力把他们从歧途上拉回来，否则他们会是非不分，破罐破摔。家长应从尊重、爱护的真诚愿望出发，尽量挖掘他们身上的优点，多采用赞许、表扬、信任、奖励的方法，点燃他们的自尊心，唤起他们的荣誉感，消除对抗情绪，树立上进的信心。

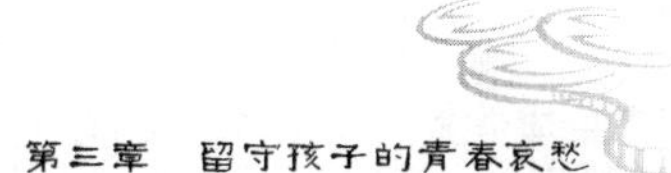

网络让我找到了“归属感”

戒除“网瘾”的关键步骤，就是让孩子减少上网时间，并改变上网方式。当家长了解孩子网络成瘾的原因后，就可以根据孩子的情况，在解决孩子思想问题的前提下，逐步开展消除“网瘾”的工作了。

放学了，小武却一点儿都不想回家，因为那个家里没有爸爸妈妈，一切都是冷冷清清的；他更不想和风烛残年的奶奶“大眼瞪小眼”。好在，他找到了一个绝佳的“归属地”——网吧。

一年前，当小武第一次接触网络游戏后，便被深深地吸引住了。虚幻、奇妙的网游能让他忘掉对远在外地工作的父母的思念，能让他感到生活不再是那么的寂寞、孤独，而更重要的是，网游能让他找到一种“归属感”。

最近，小武新迷上一种网络游戏——征途。这种游戏可谓是刺激无比，没几天，小武完全迷失在了“征途”的世界里。不过，想要玩好征途是需要很大成本的，因为这个游戏需要很多钱来购买“新式武器”。没钱怎么办？小武寻思了半天，想到了一条生财之道。

这天，小武对奶奶谎称道：“学校要交书本费，一共是500块钱。”

“什么？要这么一大笔钱呀？”奶奶惊讶地问道。

“是呀，你到底是给不给呀？”小武不耐烦地问道。

“当然给，你学习最重要。”奶奶说完后，便小心翼翼地从内衣兜里掏出5张百元大钞，然后颤颤巍巍地递给了小武，“这钱，我本来是要拿去看病的，现在先给你吧……”

听罢奶奶的话，小武稍微迟疑了一下，但一想到没钱就不能玩“征途”，他便管不了这么多了。于是，小武一把抢过钱，飞一样地冲向了网吧。

据一项相关调查：目前我国青少年网瘾群体约占青少年网民的14.1%，人数约为2404.2万。其中调查报告表明，在网瘾青少年中身处留守家庭的孩子比较多。

每一个问题孩子的背后都有一个问题家庭。留守家庭的孩子是网瘾爆发的高危群体。由于父母长期在外打工，这些孩子寄居在老人身边得不到亲子之间的沟通和交流，导致缺乏必要的家庭关爱，孩子在成长过程中必然出现或大或小的心理问题。于是，这些留守青少年便通过外界新兴事物，

比如用网络来排解心中的郁闷、孤独与压力以填补内心的空虚和失衡，这便是广大留守孩子爆发网瘾的深层次原因。

“网络成瘾”是青少年身心健康的新杀手。网络成瘾对青少年身心等多方面造成不良影响，包括以下三大方面：

1. 躯体方面。长时间的沉迷于网络可导致视力下降、肩背肌肉劳损、生物钟紊乱、睡眠节奏紊乱、食欲不振、消化不良、体重减轻、进食过多而活动过少导致肥胖、体能下降、免疫功能下降；停止上网则出现失眠、头痛、注意力不集中、消化不良、恶心厌食、体重下降。青少年正处在身体发育的关键时期，这些问题均可严重妨碍他们身体的健康成长。

2. 心理方面。患者一旦停止上网便会产生上网的强烈渴望，难以控制对上网的需要或冲动，这种冲动使其不能从事别的活动，工作、学习时注意力不集中、不持久，感到记忆力减退；由于长期的视觉形象思维，逻辑思维活动迟钝；沉迷于虚拟世界而对日常工作、学习和生活兴趣减少，与现实疏远，为人冷漠，缺乏时间感；因不能面对现实，常常处于上网与不敢面对现实的心理冲突之中，情绪低落、悲观、消极。

3. 行为方面。患者表现为频繁寻求上网活动的行为。为了能上网，不惜花掉自己的学费、生活费，借款，欺骗家长，甚至丧失人格和自尊，严重者偷窃、抢劫。网络成瘾青少年学生最为直接的危害是耽误了正常的学习，尤其是网络游戏，导致他们不能集中精力听课，不能按时完成作业，成绩下滑，甚至逃课、辍学。网络中各种不健康的内容，也可造成青少年自我过分放纵，法律以及道德观念淡薄，人生观、价值观的扭曲，甚至导致违法犯罪行为。

专家指出，成瘾类病症与烟瘾、酒瘾、毒瘾以及病理性赌博等一旦形成，戒掉比较困难，网络成瘾也是如此。

凡事有因必有果，网瘾形成的原因也一样，最重要是要对症下药。因此，该如何避免留守孩子上网成瘾呢?

首先，建立和谐家庭关系，保持良好的家庭氛围，让留守孩子从心理

上得到安全感。

家庭的不稳定容易让心理还未成熟的孩子感觉不到安全感，但他们又渴望安定，于是有的孩子将自己沉迷于网络中。特别是青春期的孩子内心需求其实很少，和谐温馨的家庭氛围对孩子的心灵的健康发育至关重要。

父母要把孩子的教育和成长放在第一位，尽量留一方在家照顾孩子的学习与生活，保证家庭教育的完整性；如果父母都外出打工，最好把孩子带在身边，便于照顾和教育。

其次，减少孩子上网时间。

戒除“网瘾”的关键步骤，就是让孩子减少上网时间，并改变上网方式。当家长了解孩子网络成瘾的原因后，就可以根据孩子的情况，在解决孩子思想问题的前提下，逐步开展消除“网瘾”的工作了。

对于上网成瘾较轻的孩子，家长可以与孩子共同制定减少上网时间的计划；对于“网瘾”严重的孩子，简单通过与孩子共同制定减少上网时间的计划是没有用处的，必须采取强制戒除“网瘾”的办法。而这一方法有一定的危险性。因为孩子在强制戒除“网瘾”的过程中，情绪非常强烈，还会做出头撞墙、离家出走等严重行为。此时家长必须非常冷静，好言安慰，并尽量防止极端事件发生。要改变上网方式，不让孩子进网吧。可以考虑在家中上网，因为家中上网环境相对较好；同时，家长可以监督，确保孩子按照计划上网，也可以确保孩子不浏览不健康网站。

此外，户外活动对消除孩子的“网瘾”最有效，因此，家长应该鼓励孩子多参加户外活动，如打球、旅游、购物等。家长可以制定一些户外活动计划。

最后，家长、学校和社会要共同参与。

留守孩子的父母不在身边，他们的老师更要担当起一定的监管责任。因此，家长和老师要合力提高对网络的认识，既不能放任孩子上网“开阔视野”，直到成瘾才引起重视，也不能因担心网络危害而过分控制孩子上网，这会迫使他们走到社会上非法的网吧而事与愿违。这是预防网络成瘾极为重要的一个环节。家长和老师要通过正确引导和合理监督，不仅要直接控制青少年在家、在学校上网的时间，而且要提高他们合理使用互联网的能力。学校开展学生上网教育，提高校园上网场所和上网监控，丰富校园生活，这无疑会减少网络成瘾的发生。

温情小贴士

家有网瘾孩子怎么办？戒除网瘾专家陶宏开给家长列了一个处方：

1. 放松心态。不管在什么情况下，家长都一定要保持阳光心态，调整好情绪。万万不能“一看他那样我就烦死了”，也不能“孩子一烦我更烦。”

2. 自我反省。家长不能老是盯在孩子身上，不停责怪孩子。可以回忆分析一下，孩子是怎样上网成瘾的。然后主动找孩子的老师、同学，向他们打听孩子的近况以及上网成瘾的程度，凡是有可能与孩子接触、沟通的因素和关系都很好地利用起来。

3. 自然沟通。见到孩子，亲切地问孩子的衣食住行和健康，像朋友一样跟他谈日常生活的种种问题，耐心观察他的内心世界，慢慢缓和孩子跟你的关系。等家庭关系渐渐有所好转后，再见机而行，因势利导地找到合适的切入点，慢慢搭建心灵沟通的桥梁。比如，跟他聊聊人生、理想。

4. 尝试着走进孩子的生活圈。如邀请孩子的朋友来家里聚聚，知道孩子的结交范围和兴趣爱好；自己也要学会运用电脑和上网；带孩子一起出门散散步。

5. 学会抱怨。让孩子知道父母的艰辛，可以适时在孩子面前抱怨生活的不容易。

6. 懂得自爱。在与孩子的交谈中，千万不要一开口就是：“我一切都是为了你，只要你不去网吧，我死都可以！”其实，这样不但起不了作用，

反而使孩子更不把你当回事。

7. 家庭交流。有同样问题孩子的家长可以组织起来，相互交流，甚至交换孩子进行沟通，一方面能排解家长心中的苦闷，另一方面也能从朋友的角度和孩子交流问题。

帮助孩子逃出毒品的“魔爪”

家长要先接受反毒品教育，充分地了解毒品的识别、种类、吸毒的危害，告诉孩子吸毒会给身体、家庭及国家带来哪些危害和后果。

赵辉第一次接触毒品的时候，他的心情很复杂，既因为好奇，也为了排解思念远方父母的寂寞之情。他还清楚地记得，那个怂恿他吸食毒品的男子，曾信誓旦旦地对他保证："偶尔沾一点毒品，不会染上毒瘾的，你就放心吧……"

可事实并非这样，毒品就像恶魔一样，你一旦沾上一点，便永远别想离开它的"控制"和"操纵"了。赵辉就是一个典型的例子。

自从那一次吸食毒品后，赵辉便落入了万劫不复的"地狱"之中，他再也无心上学，每天心里想的就是如何搞到毒资，如何能买到足够的毒品。

起初，赵辉会不断地编造各种理由向外地的父母要钱，可随着毒瘾越来越严重，父母寄来的钱根本不够他拿来换毒品。

于是，在毒贩的唆使下，赵辉走上了"以毒养毒"的犯罪之路。

在一次扫毒行动中，赵辉被公安部门抓获……

当赵辉的父母从外地赶到监狱探望儿子的时候，他们简直无法相信铁窗里的那个瘦小少年竟然是自己的宝贝儿子。赵辉的妈妈哭着问儿子道："你为什么要吸食毒品呀？你这是走上了不归路呀……"

谁知赵辉冷漠地看了一眼母亲，淡淡地说道："那谁让你们丢下我去外地工作呢？你们从来没有真正关心过我的死活，现在有什么资格来教训哦？"

面对孩子的质问，赵辉的父母无言以对，此刻他们的心中除了悔恨，就是自责……

留守孩子由于缺少父母的疼爱，对亲情的欠缺，因而严重地影响了孩子与他人的社会交往，导致他们对周围环境和人缺乏安全感和信任感，有的出现攻击型性格趋向，自控力差，好冲动，从而极易被社会上不法分子引诱参与吸毒，甚至走上贩毒的犯罪道路。曾有权威媒体在公开的消息中说，全国吸毒、贩毒的犯罪中，有近20%的青少年罪犯来自留守家庭。

毒品是魔鬼，留守青少年一旦沾染上毒品，便会带来诸多危害：

1. 摧残身心健康。吸毒严重摧残青少年的身心健康。吸毒上瘾后，不仅心理变态，人格解体，不知廉耻，而且传染和导致各种疾病，甚至死亡。全世界每年因吸食毒品而死亡的人数高达10万人，因此而丧失劳动能力的每年约1000万人。

2. 引发各种违法犯罪。高消费的毒资，从而诱发多种违法犯罪，给社会带来极大的危害。近几年查获的留守吸毒青少年中，很大一部分有贩毒、赌博、抢劫、盗窃、诈骗、卖淫、斗殴等违法犯罪行为。

3. 家破人亡。因毒资消耗巨大，一般家庭根本无法承受，更何况是经济并不富裕的留守家庭，即使有些积蓄的家庭，也很快会倾家荡产，必然导致家庭不和睦，并最终造成家庭破裂，甚至道德沦丧，六亲不认，真是“一人吸毒，全家遭难”。

4. 传染多种疾病。目前全国因吸毒感染艾滋病病毒的人数已超过40万，其中66%是使用不洁注射器的吸毒者。可见，吸毒可以导致多种传染病已成为不争的事实。

那么，如果孩子不幸沾染上毒品，家长该如何帮助他逃出毒品的“魔爪”，彻底地戒除毒瘾呢？

首先，家长要以身作则，教育孩子远离毒品，做一个反毒宣传员。

家长是孩子接触最密切的人，是孩子的楷模，家长自身素质的好坏，非常重要。因此，家长要先接受反毒品教育，充分地了解毒品的识别、种类、吸毒的危害，告诉孩子吸毒会给身体、家庭及国家带来哪些危害和后果。以身作则影响孩子，实施身教言教，才有说服力。家长应把自己的经验、知识传授给孩子，带着爱心帮助孩子解决学习、工作、生活上遇到的各种问题和困难。关心他们的成长，使他们自觉抵御外界的不良影响，抗

拒毒品。

其次，家长要掌握早期发现和早期预防吸毒的有关方法，这就是“教育者必先受教育。”

若发现自己的孩子在吸毒时，家长必会遭受巨大的精神创伤。这时家长要保持冷静并控制自己的情绪，告诉孩子毒品会造成身心及社会危害，吸毒易上瘾，上瘾难以摆脱，以同情、谅解、关怀和爱心帮助他停止吸毒，想尽一切办法帮助其进行戒毒治疗，并鼓励他热爱生活，重新做人。家长的帮助可以使已吸毒孩子端正戒毒动机，面对现实，树立责任观念，改变自毁性行为。

最后，家长在帮助自己已吸毒的子女戒毒若要获得成功，还应特别注意以下三点：

第一，思想开导与强制戒毒相结合。

作为家长，对吸毒孩子要进行耐心细致的说服教育工作，劝其早日戒毒，绝不能听之任之或抛弃不管，要伸出温暖的双手，将他们从苦海中拉出来。要认识到，他们沦为吸毒者既是受害者，还可以变成害人者。早一天挽救要比迟一天挽救所造成的后果轻得多。特别对说服教育不听从者，要强制戒毒。希望每一位留守青少年吸毒者的父母和临时监护人都能循循善诱、不遗余力，帮助孩子迅速摆脱毒品的困扰。

第二，积极配合医生及管理人员做好戒毒工作。

家长将吸毒孩子送进戒毒所后，绝不能以为万事大吉，可以高枕无忧了。戒毒的成功与否，与家长自始至终地配合程度密切相关。为了使戒毒获得成功，首先应该注意的是，必须严加管理，断绝一切毒源，拒绝一切毒友，绝不能让其一边戒毒，一边偷吸。家长常犯的一种错误是，当吸毒孩子断毒后出现严重戒断反应时，因怜悯同情之心或担心发生意外不测，又让其吸食。这样，在家长的姑息迁就下，吸毒孩子很难彻底断绝毒品，即使最好的灵丹妙药也无济于事。所谓戒毒也只是白费力气。其次，应该积极配合医生，施行治疗手段，督促吸毒者遵照治疗方案按部就班地治疗，不能急功近利，指望一朝一夕就将毒品排除干净，让其不再想毒是难以奏效的。

第三，提高警惕，谨防复吸。

吸毒的孩子走出戒毒所后，他们面对的是一个未知的世界，这时最需要的是温暖。家长如果不关怀他们，甚至抛弃他们，意志薄弱者又会走上复吸的道路。作为家长，对于自己的吸毒孩子，有长期监督的责任和义务。对他们戒断毒品后应听其言，观其行，察其色，嗅其味，以百倍的警觉，防止其戒后复吸。对他关怀教育，让他在温馨的家庭环境中在感受到父母之爱的同时，也感觉到昔日的失足给家长身心带来的严重损害，给家庭经济造成的巨大损失，给家庭荣誉蒙受的可怕耻辱，使其狠下决心：今生今世绝不能再走那条罪恶的道路——吸毒。为达到这一目的，家长还必须做到如下几点：

1. 应该充分认识戒毒过程。目前，我国绝大多数戒毒机构，由于种种原因，对吸毒者只进行脱瘾治疗，而忽视或放弃康复治疗。所以康复治疗的重任主要由家庭来承担。这种情况下，家长应该设法使孩子脱离开有毒环境，有条件的父母应该把留守孩子带在身边抚养，这也便于对其进行有效监管。

2. 应注意将吸毒孩子原先的一切毒友统统拒之于家门之外。如有一位正在吸毒的毒友的暗算，已戒毒者也往往经不起毒品的诱惑而复吸。

3. 应该提醒的是，当已戒毒者患有病痛渴望用毒品止痛时，绝对不可使用麻醉品，尤其不能使用他本人原先所用的麻醉品或同类麻醉品，如鸦片、吗啡、杜冷丁等。

4. 要想尽一切办法让孩子由空虚无聊而变成一个精神充实的人，由消沉颓废而变成一个有所作为的人。可以有意识地让他接触一些品德优秀的孩子，在他们的启发和开导下，读一些高境界、富含哲理的书，武装自己的头脑，懂得人生的意义，从而与往日的行尸走肉彻底诀别。通过增加生活的乐趣，逐渐淡化想毒意念，达到彻底戒除的目的。

5. 在任何时候，任何情况下，不要用讽刺、挖苦、嘲弄、调侃的话揭孩子的短，伤他们的心，使他们在得不到家长谅解的情况下，一气之下又去找毒品。这个世界上没有什么比亲人的谅解和支持更能使那些迷失方向的人勇敢地去面对现实。

温情小贴士

根据留守青少年吸毒行为的不同程度，家长分别予以有针对性的指导：

1. 初期阶段，是指出于单纯的好奇心刚开始服用毒品。对这种少年，应使他们充分认识毒品的危害性，改变无所谓的态度，这往往是很有效的措施，家长尽可能要采取形象、直观容易接受的教育方法。与此同时，家长要加强观察和监督孩子的活动。最好的办法是能转移其的注意力，让他们受新的富有兴趣的有益活动的吸引。

2. 中期阶段，指数次服用毒品，由于吸毒行为还往往沾上盗窃等不良行为。这种情形单靠学校和家庭力量已不能解决问题，还应与公安部门等有关单位联系，以便采取强有力的措施。

3. 后期阶段，指养成习惯，不能自拔，致使身心都有障碍。这种情况除应与有关部门配合共同采取措施外，还必须请精神病医生加入，补以医药措施。

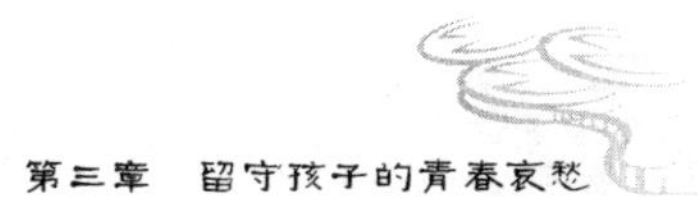

如何面对孩子的自我伤害行为

作为家长，如果想要了解孩子为何会伤害自己，最好的方式就是倾听他们的要关注的孩子说出来的问题，更要关注那些没讲出来或讲不出来的问题。

深夜，周良呆坐在书桌前，此时，他的内心有着无尽的痛苦和委屈，可他却找不到一个可以倾诉的对象。

“在学校里，被老师责骂，被同学们看不起；而回到家里，我只能独自对着墙壁说话，因为我那狠心的爸爸妈妈远在千里之外的北京打工，而与我一起生活的奶奶已经年老耳聋……我为什么要来到这个世界呀？我根本就是多余的！我是多余的吗？谁能给我答案？”周良大声地吼道。

可是，会有谁给周良答案呢？空荡荡的房间里，除了他自己，没有一个人。

于是，周良默默地点燃了一支香烟，然后他把燃烧着的烟头烫在了自己的手臂上，“呲——”，强烈的疼痛感让周良忍不住皱了皱眉，可奇怪的是，这种疼痛感让他感到很刺激，甚至还有一种莫名的快乐。周良望了望被烟头烫伤的手臂，笑着自语道：“我喜欢这种自残后带来的快感，它提醒我，我还活着……”

从此，周良会对自己采取各种各样的伤害行为，他发现生理上的疼痛会让自己暂时忘却心理上的痛苦。

由于没有父母关爱和呵护，许多留守孩子在毫无羁绊的环境内放任自流，像一棵棵不经修剪的小树疯长。于是，一幕幕情感惨剧就开始上演了。据相关调查，自我伤害犹如沉默的瘟疫，正在一些留守孩子中间悄悄蔓延。许多家长感到非常焦虑和困惑，他们不明白为什么孩子们要这样摧残自己。

其实，大多数自虐行为发生在留守孩子承受心理压力较长时间以后，自虐的孩子并不是真的想结束自己的生命，相反，他们想通过自虐寻找一种快乐，释放心中的不良情绪，以达到自我解压的目的。

那么，我们的家长该如何面对孩子的自我伤害，有效地引导孩子避开这场“沉默的瘟疫”呢？

第一，查明孩子自我伤害的原因，对症下药。

导致留守孩子有自我伤害行为的原因不同，采取的解决方式也就不同。一旦发现孩子有自虐行为，就要注意观察，他是否受到来自情绪方面的刺激，了解他情绪压力的来源，并根据孩子的情况适时给予引导和安抚，帮助他以正确的方式来平息自己的不良情绪。

第二，认真倾听孩子的心声。

作为家长，如果想要了解孩子为何会伤害自己，最好的方式就是倾听他们的要关注孩子说出来的问题，更要关注那些没讲出来或讲不出来的问题。因此，父母和临时监护人一定要养成耐心听孩子讲话的习惯，让孩子随时能把困扰和痛苦讲出来。此外，家长要掌握好“五不”原则——不否定、不批评、不指责、不打断、不急切要去改变孩子，这样，孩子会比较愿意说出埋藏在内心的想法。如果孩子觉得自己的想法能被家长接纳，也就比较愿意接受家长的引导了。

第三，指导孩子表达情绪。

如果孩子在情绪表达时，从未体验到用口语表达的方式可以适度宣泄情绪，以及能被家长了解而不被责备，这样，孩子们就很容易将负面情绪压抑下来，久而久之就像正在积蓄能量的火山一样，随时有爆发的危险。被忽略、埋藏的负面情绪终究是要找到出口宣泄。因此，长期压抑过多负面情绪的孩子，要么表现出突如其来的火暴脾气或不当行为，要么通过自虐方式来宣泄情绪。

学会和自己相处，让情绪有适度的出口，是使孩子走出情绪风暴的主要方法。在留守家庭中，很少有家长能真正指导孩子符合人性地表达和处理自己的情绪，特别是负面情绪。这样的教养方式使孩子不会向大人表达像愤怒、委屈之类的负面情绪，造成他们在感到困惑和压力时无法让家长及时了解，进而得到帮助。因此，要让情绪管理教育准确落实，协助孩子心理良好发展，父母和临时监护人要扮演愿意倾听留守孩子心声的角色，加强相互沟通，并指导孩子通过正确的方法宣泄压力，及时处理不良情绪，让孩子心情愉快地生活和学习。

第四，让孩子多参加活动。

鼓励孩子参加集体活动。让孩子在活动中转移注意力。另外，家长有必要注意与孩子接触较多的朋友，看看他们有没有这些不良的习惯，同伴不良的行为对孩子的影响也是不能忽视的，因为孩子的辨别能力并不是非常强，他们的行为更多的是模仿来的。

第五，作为家长也要不断地提高自身的心理素质。家长们在平时的生活和工作中，也要注意培养自己的心理素质，注意培养自己心胸宽阔，待人宽容，处事明智，行为理智等良好的个性品质。在孩子面前，家长要学会控制自己不良的情绪，合理地宣泄，不要把工作上的不如意带到家里，更不能把孩子当做出气筒，或者把恶劣的情绪发泄到孩子的身上，争取为孩子创造一个民主、和谐、宽松的家庭氛围。

温情小贴士

家长要有这样一个正确认识：当发现孩子有自我伤害的行为之后，除了要立即制止自残行为外，更要在事后向孩子提供专业的心理帮助。

在孩子的心理治疗中，家长要配合心理医生提供孩子及家庭的情况，停止激发孩子自残的语言和行为。一些家长羞于向心理医生谈孩子的自残行为，是不利于孩子纠正自残行为的。事实上，心理医生在工作中不会去评判对错，而是通过与孩子充分深入的交流，深刻理解自残行为，从而设法让孩子减轻其痛苦。家长在家中还可为孩子提供自残行为的代用品，防止孩子的身体受伤。随着治疗的进行，自残行为也会慢慢消失。

第四章　留守孩子的学习问题

培养留守孩子的自学能力

生活中让孩子自己独立解决各种问题，读书方面让孩子自己把以前不懂的地方弄懂，养成预习功课的习惯，这是培养孩子自学能力的三个关键。

陈峰和陈远两兄弟是远近闻名的“状元哥儿俩”，他俩在学校都是三好学生，而且学习成绩总是名列前茅。可谁曾想到，陈峰和陈远生长在一个留守家庭，平时辅导这哥儿俩功课的人是他们的爷爷。

大家多半会问这样的问题：“爷爷的文化水平一定不低吧？”可答案却是爷爷只读过初中。

那么，这个只有初中文化的老人是如何辅导“状元哥儿俩”功课的呢？

每当别人向爷爷取经的时候，老人总是笑嘻嘻地答道：“我哪有什么本事辅导他俩学习呀，我就是从小注重培养他们的自学能力。他俩还在上小学一年级的时候，我就上书店给两人各买了一本《新华字典》，然后教给他们查字典的方法，我想，《新华字典》就是最好的老师；此外，我还督促两人做好课前预习，‘打仗需准备’，学习大致也是如此吧。当他们升上小学三年级后，两人的学习基本就不用我操心了，因为他俩已经具备了很强的自学能力……”

如此看来，“状元哥儿俩”的学习秘诀就是学会自学，有了一定的自学能力才能获得广泛的知识，才能学得更灵活、更扎实。

大多数留守孩子学习成绩较差，半数留守孩子表示他们最苦恼的是：“回到家里，学习题目难，不知该问谁?”因为照顾他们的大多是其祖辈，很多爷爷奶奶的知识还赶不上小孙子，小孩作业对错根本看不出来，他们只能督促，不能教导。孩子们不会的问题越积越多，成绩一降再降，进而出现厌学、逃学，甚至辍学。所以，他们受教育的权利根本得不到有效的保障。

针对这些问题，临时监护人不妨培养孩子的自学能力，自学能力的强弱，对留守孩子的健康成长和日后成才有很大关系：

1. 培养孩子的自学能力

生活中让孩子自己独立解决各种问题，读书方面让孩子自己把以前不懂的地方弄懂，养成预习功课的习惯，这是培养孩子自学能力的三个关键。发现孩子自学潜力不错的时候，要尽快地制定一个阶段性总体目标，让孩子有一个追求的方向，这会使孩子产生强烈的兴趣和动力。另外，要把总体目标分成一个个切实可行的小目标，制成详细时间表，让孩子一步步完成，让他在过程中尝到成功的喜悦，并从自己的胜利成果中取得进一步学习的动力。

2. 指导孩子使用工具书

字典或词典等工具书，能帮助孩子扫除阅读障碍，提高阅读能力。因此，必须教给孩子查字典和词典的方法，并能独立运用，形成能力。孩子在学习中会运用工具书，就等于掌握了一种自学的方法，有利于他们提高学习成绩，开阔知识视野，变得更加聪明。督促孩子运用工具书，首先得让他们身边常备一些工具书。常常看到一些祖辈监护人只给孩子买连环画、故事书，却不知给孩子买必要的工具书。这样，孩子就没有随时查阅工具书的可能。家长应当根据孩子的知识水平，给他选购一些合适的工具书，并给他介绍工具书的使用方法。比如识字用的《学生字典》、丰富词语用的《汉语成语小词典》、学英语用的《英汉词典》以及供增长知识用的简明百科知识一类的工具书等。孩子有了自己的工具书，还要督促他放置于固定的地方，用完后就放回原处。这些看似细小的习惯，对于有效地利用工具书来说是不可缺少的。

3. 培养孩子的阅读能力

自学的方法主要靠阅读，所以阅读能力的培养是十分重要的。家长起初可先让孩子朗读课文，慢慢地由朗读到默读，朗读的目的在于提高学习兴趣，培养自学习惯。经过一段时间之后，孩子会自然而然地埋头阅读他喜爱的各种书籍。孩子阅读能力较强一般来讲体现在三个方面：一是思想专注。全身心地投入到书中，对身边发生的事情充耳不闻，无动于衷。二是持久精神。日复一日，年复一年，迷恋读书，手不释卷。三是粗细有别。根据书的价值、用途，宜粗读则粗，宜细读则细。如有的小说，他们会在一夜之间看几万字，而对一些有价值的书，却不厌其烦，反复阅读，反复琢磨，以至于对精彩、重要的部分能出口成诵，体会很深。知识在于积累，正因为他们养成了良好的阅读习惯，提高了阅读能力，所以他们日后学业优异、事业有成。

4. 培养孩子课前预习的习惯

课前预习是学习的一个重要环节。一篇新课文，在教师教学之前，让孩子自己先学习学习，尝试着解决问题。在自学中遇到问题能自行解决，孩子就能从中得到鼓舞，增强信心。如果自学中遇到不能解决的问题，上课时经老师讲解，就能从中得到启示，知道应该怎样去自学。预习应根据不同年级，提出不同要求。预习的内容要少而精，以此来激发孩子自学的积极性。

5. 教给孩子做自学笔记的方法

“不动笔墨不读书”这是学习的传统经验。所以，临时监护人培养孩子自学能力，还要教给孩子边读边思边做笔记的方法。孩子读了一本好的课外书，把体会感受最深的地方写出来。孩子自学一篇课文，理解了哪些词语，结合书后的思考题进行分析、理解等等。

6. 重视学习能力较差孩子的培养。对于那些学习成绩较差的留守孩子，临时监护人更要重视培养其学习能力。当然，要采取欲进先退的策略，适当降低要求，放慢进度，激发孩子的学习兴趣。练习的形式要多样化，让学习较差的孩子在学习上顺利爬坡，时间长了，再要求孩子恢复正常的学习速度。总之，不能挫伤他们学习的积极性，督促他们抓紧时间迎头赶上。

当然，培养留守孩子的自学能力，不仅仅限于上述方面，孩子的意志、

性格、家庭的环境等也都在自学中起着重要作用。所以，临时监护人在帮助孩子养成自学习惯的同时，不要忽视对孩子良好性格、坚强意志等非智力因素的培养。要让孩子有信心、有能力在自学的海洋中寻觅宝藏，开发新的知识天地。

温情小贴士

要培养留守孩子的自学能力，必须基于孩子具有最一般的文化科学基础知识，具有读、写、算的基本技能及中等以上的智力水平，自学的技能包括以下几个方面：

首先，是选择信息。在众多的信息海洋中挑选出服从于自身目的、任务的内容。孩子要学会选择图书，低年级儿童掌握词汇有限，需要文字简单、画面生动的注音读物和连环画。高年级学生选书一要实用，二要立足于启迪思维、开发智力，不要再给他们加重负担，否则产生的效果只能是适得其反。

质疑提问是接收信息时应该注意的现象，家长要鼓励孩子敢问、善问。孩子的问题越多，好奇心越强，他最终获得的知识就越多。

其次，是理解、分析、组合信息。将接收到的信息与头脑中原有认识相联系，并纳入认识结构。很多孩子在学习中往往为了应付考试而习惯于一味死记硬背书本知识，一些家长也习惯于单纯向孩子讲解知识和让他们按照某种僵硬的程式去做练习，这种形式主义的危害是很大的。家长们应鼓励孩子发表自己独特的见解，善于与人探讨问题，把自己的学习心得介绍给同学。

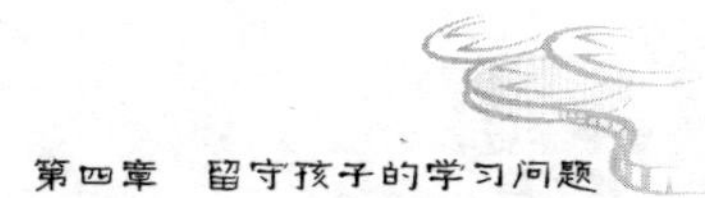

我讨厌上学，想出去打工

孩子都很在意别人对他的评价，他也按照别人的评价去认识自己。所以帮孩子树立自信心是帮助他们克服厌学心理的一个关键。

重庆市2009年高考考生人数19.6万人，而据调查，应届高三学生中，有上万考生没有报名参加高考。选择放弃高考的，多是来自留守家庭的考生。这些考生的学习成绩普遍较差，而且大多存在着严重的厌学情绪，很多人都一心想着放弃高考，外出打工。

此外，一些留守孩子的家长认为大学生毕业后就业难，而自己没后门，孩子考上专科更难找到工作，上大学还不如高中毕业后直接出去打工更划算。

教育专家认为，对绝大多数留守家庭尤其是农村留守家庭而言，读大学是一笔庞大的教育支出。但是这样的读书预期收益与现阶段的毕业生就业状况却不相吻合，这是当前一些来自留守家庭的考生放弃高考的最主要原因。

留守孩子的厌学状况已经是一个较为普遍的社会现象，他们很多都是在学龄阶段便有了相当严重的厌学心理。此前发生的重庆上万学生放弃高考便是这种情况的集中反映。那么，造成这些留守孩子厌学的原因是什么呢？以下将做详细分析：

1. 隔代抚养的弊端

虽不排除其他亲属抚养留守孩子的情况，但大多数留守孩子都是由孩子的祖父母、外祖父母抚养，隔代抚养存在以下各种弊端：

第一，老人的精力已经无法承担起日常教育孩子的重任。很多老人抚养的留守孩子不是一两个，因为他们有好几个孙子孙女。一边要耕种农田、一边要忙于家务，60岁的老人还能有多大精力照管孩子的学习呢？他们可能在孩子落下功课的时候进行辅导吗？大多数老人的心态是：我只能管个孩子吃饱穿暖，剩下的就顾不上了。

第二，限于各种因素，老人对孩子的学习不够重视。老人们本身文化水平不高，他们中的大部分人又长期生活在乡村，虽然不能说是“与世隔绝”，但他们对外部世界的认识已经落后于时代。因为认识的限制，他们已经无法真正理解教育对孩子的重要性。又因为孩子的父母一年只能回来一两次，他们为了给父母宽心，一般不会说自己的疲惫和苦恼，只会说在外打工的好处。这样以来，老人们对打工生涯还存有一种不太准确的认识，他们以为“打工也不错嘛”，在孩子学习不好的时候也会用这种心态安慰自己。孩子的父母接触外部世界较多，能够深刻领会教育、知识对孩子的重要性。但他们远离孩子，在一年中和孩子在一起的有限时间内，他们的教育在孩子耳中只能是枯燥的说教。

第三，“代沟”的存在和影响。社会心理学中有“代沟”一说，指不同年龄的人对社会认知的不同。父母和子女之间有“代沟”，会影响交流和沟通，但祖父母和孙子女之间的“代沟”显然要更大。在很多问题的认识上，留守孩子认为祖父母不理解自己，是“老顽固”、“老古董”，而祖父母也不能理解留守孩子，认为他们穿奇装异服就是“痞子”。巨大“代沟”的存在，使得很多问题在祖父母和留守孩子之间无法得到有效沟通。从小没能养成良好的学习习惯，抚养人对教育的认识偏差和限于精力无法进行有效教育，“代沟”阻碍交流，这已经使得部分留守孩子滋长了厌学情绪。

2. 乡村教育的缺失

就目前而言，大多数留守孩子生长在偏远的乡村。相对于城市而言，一是乡村居住较为分散，教学网点的分布也较为分散。二是师资力量的缺乏影响教学效果。农村学校师资力量的缺乏已是不争的事实，待遇低、工作量大使得很多学校十数年没有新的老师进入。三是教育内容不符合乡村的实际、日常学习的辛苦、教学方法的落后和教学内容的不切实际，严重打击了留守孩子学习的积极性和主动性。

3. 社会现状的影响

近年来，大学生就业难严重影响了留守孩子的学习心态。相对于“素质教育”、“全面教育”等教育理论，绝大多数留守家庭的看法依然是：既然花钱上大学，那最起码要能找到工作；要是找不到工作，还不如不花这个钱。由此也让很多留守孩子产生了厌学情绪，一心想着外出打工。

以上是对留守孩子厌学心理的简单分析。虽说，留守孩子的厌学心理的存在是一种社会现象，但由此而带来的影响也极为深远，甚至要在很多年以后才能显现，若对该现象听之任之，对整个国家和社会来说，后果都是极其严重的。那么，作为留守孩子的家长们该如何消除孩子的厌学情绪，让其重回课堂呢？

首先，家长们要改变“读书无用论”的错误观念。

读书真的无用？这是伪命题。无论是科学巨擘、财富新贵，还是学术精英、政界新秀，可以断言，这些硕博、才俊或成功者，其绝大多数都是因为学有所成，其成功的基础正是因为接受了教育。再以我们周围大多数的成功人士为例，这些人所取得的成就何尝不是拜读书所赐？所以，“知识改变命运”是已被证明和正在被证明的真理。

一时找不到工作就能说明读书无用吗？应该说，受过良好教育的和没有受过教育的人，其思维方式、谋生本领、处世能力和思想内涵等等是迥然相异的。从长远看，受过教育的人远比没有受过教育的更有前景。当然，也许能找出个别文盲或准文盲成才成功的例子，但显然这只是个例。在知识经济的时代，“读书无用”永远也经不起推敲。

有些留守孩子的家长就是因为持有“读书无用”的观点，致使孩子荒废学业，耽误了孩子的大好前程，尤其是在孩子成长的大好时光里，终止孩子的受教育机会，改变了孩子的成长轨迹，对孩子、对家庭来说，都是一种不可估量的损失。

其次，适当降低对孩子的期望。家长们要知道“第一”只有一个，努

力是人人可以做到的。应了解孩子学习的困难所在，帮助孩子制定切实可行的学习计划，并为此而努力。此外，家长要多与孩子在学习方法、人生理想等方面进行沟通与探讨。

最后，帮孩子树立自信心。孩子都很在意别人对他的评价，他也按照别人的评价去认识自己，所以帮孩子树立自信心是帮助他们克服厌学心理的一个关键。家长要让孩子树立“别人能学会，我也能学会”的观念，面对困难，只有不断去克服才能走向成功，让他们在心理上不惧怕学习。比如可以为孩子选一门他最想学、最有把握学好的学科，多下功夫，首先突破，证明他具有学习的能力，并让他从中体验到学习的快乐，从而激发他学习的热情。同时，家长要让孩子远离消极情绪。如果孩子因为怕学习失败或对学校环境有恐惧心理，家长就要采取行动让孩子消除这种情绪。

温情小贴士

面对孩子的厌学，家长们该如何让留守孩子快乐学习呢？

1. 要让孩子体验到成功的快乐。留守孩子特别在意别人对自己的评价，他是按照别人的评价去认识自己的。一个总是失败的孩子体验不到成功的快乐，也就不去努力了。对于一个从未完成过作业的孩子，家长最好让他先做几道容易的习题，让他能轻而易举地完成，再调整作业的难度。如果孩子的学习不好，不要将失败的原因归为孩子不聪明，家长可以从学习态度、意志力等方面去寻找原因。

2. 鼓励孩子自我激励。如果孩子能够经常自我激励、自我鞭策，他便有可能避免学业失败。首先，要帮助孩子树立自我激励的目标；其次，要让孩子学会自我暗示，经常对自己说激励的话，如“我一定能成功”。再次，是让孩子在行动中摆脱消极情绪。

3. 指导孩子学习方法。在辅导孩子时，不要代替孩子学习，养成孩子

的依赖心理和遇事退缩的习惯。要教给孩子获得知识的方法，如教孩子如何去查工具书，如何获得自己想要的资料等。

总之，要让留守孩子从苦学、厌学转变为喜学、乐学，需要家长们循循善诱，耐心指点。

留守孩子的“开学恐惧症”

家长应及时地纠正孩子的生活习惯。为了帮助孩子适应学校的学习和生活，家长应该帮孩子制订好作息时间表，每天督促孩子按时起床、用餐，保证孩子有旺盛的精力投入到新学期的学习中去。

对王欢而言，幸福时光总是那么的短暂。因为还过几天，她的暑假生活就得结束了，这也就意味着她要和父母告别，离开父母务工的城市，返回老家上学去了。这让她感到焦虑、恐惧，她害怕开学，害怕离开妈妈温暖的怀抱。这种恐惧让王欢食不知味，夜不能寐。

这天晚上，王欢哭着对妈妈说："我……我能不能不回去上学呀？我不想离开你和爸爸，我不想上学……"

女儿的反常表现，让妈妈有点措手不及，她赶忙问道："为什么不想去上学呀?"

"因为只要一开学，我就必须得回老家了，那得熬过好长、好长的一段时间，我才能和你还有爸爸见面。我舍不得离开你们。另外，如果开学了，我就不能吃到肯德基、麦当劳了，更没有机会去游乐园玩。一想到这些，我就害怕得直想哭。"王欢委屈地道出了自己的心底话。

"哦，原来是这样呀。其实，爸爸妈妈也同样舍不得让你离开，可你现在还是学生，你最重要的任务就是好好学习。哪有学生每天光想着吃喝玩乐的。乖女儿，学校生活并没有你想象中的乏味。尽管开学后没有肯德基、麦当劳吃了，可学校里有许多伙伴们在等着你呀。"妈妈温柔地开导道。

"嗯，你说的也蛮有道理的，看来开学并不是那么可怕。嘻嘻……"王欢揉揉泪眼，破涕为笑了。

每年7月，大多数留守孩子会赶往父母外出务工的城市，与其团聚；而到了9月，这些孩子便和父母作别，重新回到家乡继续上学、生活。但很多留守孩子就像故事中的王欢一样，似乎并不盼望新学期的到来，他们还舍不得离开父母温暖的怀抱，他们还沉浸在假期的轻松、自由中，他们对即将到来的学习生活缺乏必要的心理准备，产生了焦虑、恐惧的情绪。种种迹象表明，这些惧怕开学的留守孩子患上了"开学恐惧症"。

开学恐惧症是一种情绪障碍，主要特点是学生对学校产生恐惧。它不是一个专用的医学术语，也不同于一般的学校恐惧症。只是由于近几年此类学生较多，才形成了这样一个俗语。它的主要症状是情绪低落、心慌意乱、无缘无故发脾气、浑身疲劳、注意力不集中、记忆力减退、失眠等，有的还有头痛、胃痛等躯体不适症状。主要的诱因是开学这个特殊的事件，导致自己对学校生活的适应产生焦虑和恐惧或对分离性焦虑、学习适应不良、人际交往困难等不良情绪和行为的唤醒。

那么，家长该如何帮助消除留守孩子的“开学恐惧症”，让其安心回到课堂学习呢?

1. 家长应抱乐观的态度，多跟孩子谈谈学校和新学期，从正面的角度去迎接新的学期，给孩子以信心，说一些欣赏和鼓励的话语。家长不要把老师描绘成严厉凶狠的人，也不要把学校描绘成痛苦难受的地方，应给孩子以幸福感，让孩子对上学感兴趣，期待上学。

2. 放假时，许多留守孩子的生活秩序打乱了，他们离开家乡，来到父母务工的城市，和父母团聚，每天会和父母形影不离，很多父母还会带着孩子到处游玩，这些孩子的生物钟完全被打乱了，晚上睡得晚，而早上又贪睡不能按时起床。这种状况如果不改变，孩子的心理就还在“放假”，对上学会有一定的抗拒心理。家长应及时地纠正孩子的生活习惯，为了帮助孩子适应学校的学习和生活，家长应该帮孩子制订好作息时间表，每天督促孩子按时起床、用餐，保证孩子有旺盛的精力投入到新学期的学习中。

3. 跟孩子多谈谈学校生活，家长可以有意识地从日常娱乐、游玩等话题转向有关学习的话题如作业、同学关系等。准备开学的时候，父母应与孩子一起准备文具和其他有关的学习用品，在开学前不宜继续购买玩具等作为礼品送给孩子。

4. 孩子开学后，父母要与学校和老师保持经常性联系，随时了解子女在校学习生活情况，并对他们进行及时的引导教育，嘱咐他们认真学习。

而临时监护人也要真正负起教养孩子的责任和义务，努力为他们营造近似完整结构家庭的心理氛围和教育环境。在开学后的假日里，临时监护人应该尽量少带孩子上公园等游乐场所，多带孩子去书店看看书，或者同他们一起去购买学习用品，给孩子营造良好的学习氛围，让孩子自然而然地喜欢上读书。

5. 家长的心态也要平静。

心理专家发现，现在，“开学恐惧症”已“传染”给家长。临近孩子开学，一些家长开始失眠、焦虑，甚至全身不舒服。家长们的这种表现，主要还是来自对孩子的过度保护，舍不得让孩子离开自己和对孩子学习的过分紧张。特别是孩子要进入初、高中阶段的家长们，担心孩子不适应新的学习环境，更担心孩子的学习跟不上。

家长们的紧张心理对孩子新学期的学习生活是十分不利的。要想让孩子远离心理压力，家长的心态首先要平静。

家长应该把开学的准备分散出去，该让孩子承担的就让孩子去做，不需要家长去操心的，就别太放在心上。每一个孩子都很有潜力，家长包办一切的做法不仅家长受累，孩子也不快乐。家长们还应从心理上对开学有一个正确的认识，新的生活对孩子来说是一次新的机会，会有很多快乐的事情。家长要知道，自己调整好心态对孩子就会有积极的影响。

温情小贴士

让留守孩子消除开学恐惧症，家长们还需做到以下两点：

其一，家长要指导孩子调整奋斗目标，给自己减轻学习压力。

造成留守孩子紧张和焦虑的主要原因还有学习压力增加，由于学习压力而造成学习的障碍，注意力不集中、记忆力下降等。在新学期到来时，孩子的这种感觉尤为明显。这是因为从上学期的学习中冷却下来之后，孩子形成了一种心理惰性。突然再加热时，一时难以适应紧张的学习气氛，如果他们的心理调整不过来，就会出现焦虑、烦躁等心理问题。因此，要指导孩子学会自我减压，降低期望值，制定切合实际的学习目标。

其二，让孩子加强自我管理，循序渐进地进入状态。

开学前几天，家长们不应该给孩子加满压，应该让其逐渐适应新学期的学习生活，由缓慢学习到逐渐加速度学习，最后到全速度学习，家长可以让孩子和其他同学一起学习，营造共同学习的良好氛围，让他觉得“大家都在学习，我并不孤独”。

留守孩子更需要老师的理解和关爱

家长们要鼓励孩子多参加学校各种兴趣小组活动，多和老师交流思想，让孩子充分信任自己的老师。

家庭是一个人成长的起点，是孩子接受教育的第一所学校。父母则是孩子的第一任老师，家庭教育是人类一切教育的基础，直接影响着孩子的成长。由于第一监护人出现缺位，加上亲情和家庭教育的缺失，使这些留守孩子养成了不少不良习惯，甚至出现了严重的违纪违法事件。

因此，大多数留守孩子在学校易被长期冷落，多半得不到老师的理解、尊重和关心。他们会感到孤独、苦闷、自卑、失去勇气。如果经常遭到训斥和体罚，自尊心被挫伤，变得破罐破摔、不求上进、麻木不仁。所以，留守孩子的父母和临时监护人应该经常及时与老师做好家校沟通，最大程度地获取老师的理解和支持。

首先，家长要和孩子的老师做好必要的沟通，要如实告知自己的家庭状况，以及孩子的临时监管人的具体情况。此外，家长还需告诉老师，孩子的心理特征和性格特点。这样一来，便于老师发现孩子身上的闪光点。特别对那些学习后进和性格异常的留守孩子，老师要因势利导，增强他们的自信心，激发他们的求知欲。

其次，让老师帮助激发孩子学习的兴趣。

大多数留守孩子长期缺少父母的温暖，对学习缺乏兴趣。只有通过老师的耐心教育，才能让其重新找回对学习的兴趣。

远在外地工作的父母不妨常常与老师保持联系，请求老师利用课外时间进行家访。

另外，父母可以经常和老师交流对孩子的教育方法。请求老师要不持偏见地看待留守孩子，尊重他们的人格和关心他们的身心健康，用宽容去换取他们思想的转变，对他们的点滴进步，要及时给予表扬，让他们享受成功的喜悦，增强他们的自信心。同时，家长们要鼓励孩子多参加学校各种兴趣小组活动，多和老师交流思想，让孩子充分信任自己的老师。这样

一来，会使孩子感到即使父母不在身边，他们也同样能享受到父母在家的那种欢乐、温暖，从而达到激发他们的学习兴趣的目的。

除此之外，作为留守孩子的老师们，有责任对这些特殊的学生给予更多的关爱，具体应该做到以下几点：

1. 建立留守孩子的档案和联系卡制度。

要认真调查研究，摸清留守孩子的具体情况，建立每个留守孩子的专门档案和联系卡。其基本内容有：学生的基本情况、家长姓名、家庭详细地址、联系电话，家长务工单位详细地址、联系电话，监护人或其委托监护人的职业、详细地址、联系电话、身体状况、年龄等。通过联系卡制度的建立，加强学校、班级与学生家长及其他监护人的联系，共同形成以学生为中心的关爱网络。

2. 真情关爱，“三个优先”。

（1）学习上优先辅导。老师要从学习方面对留守孩子逐一进行分类、分组，然后具体分析学生的学业情况，制定学习帮扶计划，明确帮扶时间、内容和阶段性效果。老师要对结对帮扶效果进行定期检查，建立进步档案。

（2）生活上优先照顾。老师对留守孩子要多看一眼，多问一声，多帮一把，使学生开心、家长放心。要注意孩子的饮食健康。留守孩子患病时，要及时诊治，悉心照料。要让孩子学会生活自理，养成文明健康的生活习惯。

（3）活动上优先安排。高度重视并认真组织留守孩子参加集体活动，或根据特点单独开展一些活动，既使其愉悦身心，又培养其独立生活能力。

3. 注重对留守孩子的心理健康教育。

针对品德行为偏差和有心理障碍的留守孩子，老师要着重开设心理教育课，大力开展心理咨询、心理矫正活动，定期开展思想教育、情感教育、独立生活教育和体谅父母教育等，使留守孩子感到备受关爱，体验到生命成长的快乐与幸福，消除不良情感体验，树立乐观向上的生活态度，培养正确的人生观、价值观。让留守学生通过教师和集体的温暖弥补亲情缺失对其人格发展的消极影响。

老师每月至少与留守孩子谈心一次，对少数学习不认真、人格发展不健全、道德发展失范的“问题”留守孩子，要制定个别教育管理方案，着重进行矫治和帮助，做到有的放矢，因材施教。

总之，关爱留守孩子，教育好下一代，需要学校、家庭等多方面的配合与支持，希望我们的老师和家长都去关心、爱护、教育、帮助这一弱势群体。

温情小贴士

我们老师既要做思想道路的引路人，又要做孩子学习进步的引导者，生活的保护者。因此，要做到“三多”、“二知”、“一沟通”。“三多”，即多与留守孩子谈心，弥补留守儿童的亲情缺失；多鼓励支持孩子参加学校的各项活动；多进行家访，了解孩子在家活动和学习情况。“二知”即知道留守儿童的个人基本情况和家庭情况。“一沟通”即定期与留守儿童父母电话交流沟通，并采取针对措施，提供必要的帮助。用关爱、亲情为留守孩子营造温馨的家庭氛围。

第五章 培养留守孩子正确的生活习惯

留守家庭孩子自理能力的培养

学会生活自理，是对留守孩子的一项基本要求。因为这能让他们意识到自己的潜力是无限的，生活中能自理，行为上能自立，思想上才能自主，最终才能成为自立自强的人。

过完这个暑假，芳芳就要升入一所封闭式的中学，这可让她的爷爷奶奶急坏了，因为他们知道孙女根本没有任何独立生活的能力。芳芳的父母远在国外工作，芳芳自小便在爷爷奶奶的精心呵护下长大，两位老人从来不让孙女干任何家务事，芳芳一直过着养尊处优的生活。

眼看就要到开学的日子了，芳芳也开始为即将展开的寄宿生活发起愁来。这天吃饭的时候，芳芳看着满桌的美味，不禁叹起气来："哎……开学后，就不能吃到这么可口的饭菜了。我的肚子里的馋虫该'闹革命'啦。"

"怎么会呢？我已经想到一个好办法了，你上学后，奶奶每天都会做好吃的给你送到学校去。你就放心吧。"奶奶慈爱地说道。

"真的吗？万岁！"芳芳高兴得差点蹦起来。可没过一会儿，芳芳又叹气道："吃饭问题是解决了，可我的衣服谁来帮洗呢？我连自己的袜子都不会洗呀。"

爷爷立刻接过话茬，安慰道："这个问题，我们也帮你想好了，以后，爷爷每隔两天都会去学校帮你把脏衣服拿回家洗，你就安心上学吧。我的宝贝孙女。"

听罢爷爷的话，芳芳开心地给了爷爷一个拥抱，然后微笑地说道："我就知道，有了爷爷奶奶这个坚强后盾，我是不会受任何苦的。"

"呵呵，那当然！"爷爷奶奶禁不住异口同声地应道。

现在多数留守孩子的自理能力较差，很多事情都是由祖辈老人们一手包办。很多留守孩子的临时监护人都有这样的错误想法：孩子的父母不在身边，所以不能让孩子吃太多苦。孩子只要关注学习就可以了，从而忽视了对他们综合素质的培养。对一个人来说，掌握足够的科学文化知识固然重要，但是如果缺乏道德修养、心理承受能力以及生存适应能力等方面的素质，就是再有才华，也算不上是一个高素质的人，更不能在社会上立足，总有一天会被社会淘汰。试想一下，连自己的生活都不能自理，将来怎么能有所作为？因此，学会生活自理，是对留守孩子的一项基本要求。因为这能让他们意识到自己的潜力是无限的，生活中能自理，行为上能自立，思想上才能自主，最终才能成为自立自强的人。

英国教育家夏洛特·梅森，她的一个主要的教育观点就是“孩子生来是人”。要把孩子当成独立的个人来教育，而不是一个只会衣来伸手、饭来张口的书呆子。读书学习固然重要，但孩子长大成人进入社会，任何书本知识也不能代替自理自立能力和劳动美德。

所以，对于留守孩子，家长们更要狠下心来，让孩子自己的事情自己做。有的家长生怕孩子做不好弄伤了手脚，于是便替孩子做，或是在孩子做错了事情以后就训斥一顿，这样做只能使孩子的自理能力越来越差，依赖性越来越强。

孩子迟早要离开家长独立生活，从小培养他们的独立意识和自理能力，是每位家长应尽的职责，也是对孩子真正的爱护。

因此，家长应从小培养留守孩子的自立能力：

首先，家长一定要有培养留守孩子自理能力的意识。

家长缺乏培养孩子自理能力的意识，主要有两方面的原因，一方面是心疼孩子，不愿意让孩子“受苦”，怕孩子不小心磕着或碰着，对孩子远在外地的父母没法交待。另一方面是怕麻烦，有些照顾留守孩子的祖辈们常有这样错误的认识：“有教孩子做事情的那些时间，自己也就替他做好了。”可这种完全忽略了孩子自理能力的教养方式，既害了孩子，也害了家长自己。

孩子的自理能力与责任心是紧密相连的。如果孩子的家长在孩子需要有自理能力时，没有给予适当的教育和训练，那么他就会丧失做人的一种能力，无法站在已有的经验高度上体会对他人的责任心，包括对父母、对家人。

其次，让孩子树立自我服务的意识。

自己处理自己的事，不光是一句口号，也不是让孩子掌握几种技能就可以了，它需要成为孩子的一种习惯，天天坚持。因此，家长除了让他们

体会到其中的快乐，愿意坚持以外，更要让他们知道自己的事应该自己做，不是帮大人做。如果孩子自己收拾了房间，不妨说："真棒，能自己收拾自己的房间了"，而尽量少说："真棒，终于能帮着做点家务了"。如果孩子撒娇，不愿意自己做的时候，也要坚持到底，让他明白他长大了，以前爸爸妈妈、爷爷奶奶帮他做的事情现在该他自己做了。

第三，培养孩子的自理能力要从让孩子学做家务开始。

家长在训练孩子的自理能力的时候，除了训练孩子自己管理自己的日常生活以外，还要特别强调训练孩子学做家务。如让孩子自己做早点、洗袜子、拿牛奶、买东西等。家长在吩咐孩子做家务时要有耐心，孩子主动帮助做家务应得到鼓励。家长还要让孩子懂得让他们做家务是要培养他们独立、勤劳、刚强、负责任的心理品质，以及锻炼他们的自理能力。

第四，家长对孩子做的事应以鼓励、肯定为主。

由于孩子年龄小，认识水平不高，考虑问题不周全，力气小，在做事的过程中，难免会出现一些失误。大人不应因此指责孩子，更不能惩罚孩子，而应首先鼓励孩子做得对的地方。对于孩子有失误的地方，要帮助他们分析原因，找到问题所在，以提高操作的技能和水平。这样的教育方法，不仅可以锻炼孩子和自理能力，而且极大地增强了孩子的自信心，对促进孩子身心发展将产生积极作用。

最后，要求积少成多，让孩子逐步独立。

要学会自己的事情自己做，对孩子来说并不是一件容易的事情，他们需要学习的东西太多，难度也不一样。家长可以帮他们安排一个进度表，一样一样地学，逐渐增多。比如可以先学着清洗自己的手绢，再学清洗自己的内衣等，让孩子知道根据自己的需要增添合适的量；接着是清洗外衣、外裤……这样，孩子就渐渐能独立清洗自己的所有衣物。

在培养留守孩子的自理能力时，家长们还需注意以下两点：

1. 自己的事自己做

培养孩子的生活自理能力，就要使孩子在力所能及的范围内做到自己的事自己做。一般来说，孩子对于新鲜事物总是感兴趣的，对于帮助爸爸妈妈做一些事情也总是持积极态度的。因此，要注意引导，从收拾自己的玩具、用具、打扫房间的卫生、洗小衣物等小事做起，培养他们的劳动兴趣。

2. “管”、“放”结合

培养孩子的自理能力，要做到“管”、“放”结合。所谓“管”，就是在孩子办某件事时，要过问一下，估计一下有什么困难，预先作一些必要的指导；所谓“放”，就是要放手让孩子去做。在做的过程中，孩子才会增长才干。

培养留守孩子的理财能力

使孩子有储蓄意识的一个最好方法就是为孩子建立个“小银行”，使他拥有一张储蓄卡（可以大人名字存入）。

别看罗宁只有15岁，可他却是一位理财高手。小小年纪的他已经能在父母的指导下，进行一些理财投资项目，而且还能从中挣到不少“银子”呢。那么，罗宁为什么具有如此高的理财天分呢？

那还要从罗宁七岁时说起。罗宁刚上小学那会儿，他的父母便到另外一个城市做生意了，留下罗宁与爷爷奶奶一起生活。罗爸爸离开家之前，特别为小罗宁在银行开了一个户头，他每个月都会往这个户头里给罗宁存入生活费。可谁能想到，就是这个小小的户头，让罗宁学会了如何理财。

爸爸妈妈到外地后，爷爷郑重地把那本存折交到了罗宁手中，并严肃地告诉孩子，这户头里的钱将交由他自由支配，不过，爷爷也给罗宁定下了规矩：这存折里的钱必须用在需要的地方，例如拿来交学费、购买书本、文具等，如果一旦发现罗宁把钱浪费在不应该花的地方，爷爷将收回存折。

从那时起，罗宁便在爷爷潜移默化地影响下，学会了简单的金钱管理。之后的几年中，罗宁的爸爸还通过互联网教孩子如何炒股、如何投资基金项目，在爸爸的悉心栽培下，罗宁迅速成长为一名出色的“理财小专家”。现在，罗宁可是一个不折不扣的“小富翁”了！

现在的孩子多半为“独生子女”，过多吮吸了父辈们的爱，有相当多数量的孩子不懂得珍惜父辈们的劳动，没有勤俭节约的观念，用钱大手大脚，缺乏计划性。长此以往，有父母在身边的孩子多少还有些约束，可是对于那些留守孩子而言，他们是无所顾忌，往往是“柴来一顿，米来一餐”：下馆子、玩游戏、赌博等，一旦没钱了，可能就要动“歪点子”，甚至走上邪路。长此以往，他们的身心将受到极大的伤害，最终会养成不良的生活习性，形成不健全人格。可见，对留守孩子进行理财教育，不仅有利于他们的健康成长，更是关系到他们一生的发展。

那么，家长们该如何培养留守孩子的理财能力呢？

第一，不能用金钱作为对孩子的情感补偿。

尽管孩子平时在家缺少父母的爱，内心经受了煎熬，但是身为家长一定要将情感放在心里，不要过多地溢于言表，给孩子零花钱时，也要讲究策略：孩子在家表现好可以得到零花钱；学习成绩优秀可以得到零花钱；学习和生活能力提高了也可以得到零花钱……反之，也应该通过经济杠杆对孩子给予一定的惩罚，体现奖勤罚懒、奖优罚劣原则，借以养成孩子的竞争意识。

第二，父母外出工作后，要为留守孩子建立个“小银行”。

使孩子有储蓄意识的一个最好方法就是为孩子建立个“小银行”，使他拥有一张储蓄卡（可以大人名字存入）。眼下，无论是城市还是农村，过年的时候，孩子得到的零花钱都不是一个小数目，少则几百元，多则数千元，甚至上万元。这么多的零花钱，让孩子自己支配肯定是要出问题的。对此，家长为孩子办了储蓄卡后可耐心地诱导他把压岁钱存进储蓄卡中，并告诉他坚持下去，要为他的储蓄卡负责任，在没有必要花费时不要随便动用卡里的钱。为了使孩子坚持下去，你可以采取鼓励方式，如允许他把家长给的零花钱的1/3用于买零食等消费，其他则必须存入储蓄卡。孩子在有“甜头”的情况下会去储蓄的，长期坚持下去，储蓄意识将扎根在孩子脑中。

第三，鼓励孩子购买打折商品。

家长应该让孩子知道，如果他们想得到他们想要的东西，必须多走几家商店，对价格进行比较，选择同质却价廉物美的购买；要有尽量购买打折商品的意识，而不能仅图潇洒去豪华商场购买。这样做是为了培养孩子的消费价值观。家长在培养孩子这一点上并不难做到。例如，可以在孩子自己选购礼物时要其尽量购买打折商品，并告诉其道理，如果他不这样做，他将不能买礼物。慢慢地，他就会有尽量节俭购物的意识。

第四，增加孩子购物预算的意识。

在给孩子零花钱的同时让孩子自己记一笔账：每个月他得到多少零花钱，买了些什么东西，这些东西价格多少。如果孩子记账清楚，应给予鼓励，如他不记账或滥购物，则给予警告。

第五，让大孩子学习使用信用卡。

如果孩子上高中了，允许他拥有一张信用卡，并教他合理使用，这样能很好地对孩子进行理财教育。因为在孩子使用信用卡时可以让他深刻地体会到乱花钱、乱超支将付出沉重的代价：还钱并付高利息。这样，他会永远记得要使自己的钱与债务保持平衡。

温情小贴士

很多家长为了不让孩子乱花钱，便从不让孩子碰钱，这种方法其实并不可取。让孩子从来不自己买东西或保管钱财不利于孩子正确理财观的培养，因为当其长大后一接触到钱会不知所措，不知怎样存钱、怎样储蓄，也不知怎样买东西便宜，怎样才能使自己的个人财务保持支出合理，不欠债。事实上，中国的许多孩子从小从未自己经手钱，及至上大学后就在理财方面一塌糊涂，让家长担心。

美国著名的理财专家凯·R·雪莉提出了大人们在对孩子们进行理财教育时所担负的义务：孩子在4~10岁时掌握理财的基本知识：消费、储蓄、给予，并进行尝试；10~20岁时掌握并开始养成好习惯：消费、储蓄、给予、使用信用卡。许多发达国家的理财教育不仅抓得早，且合乎孩子们的特点。如3岁能辨认硬币和纸币，8岁可通过做额外的工赚钱，并会把钱存在储蓄账户里，12岁能制定并执行二周开支计划，懂得正确使用银行业务术语等。有些国家着力研究或已把理财列入教育的课程。

饮食健康关乎未来

父母和临时监护人切不可忽视留守孩子的饮食健康问题，让孩子处于良好的饮食环境中，才能奠定日后健康的基础。

每天，外婆都在为给外孙明峰准备什么样的饭菜而发愁，因为这个孩子实在太挑食了，这也不吃，那也不吃。明峰平时都拿零食当正餐，长期不良的饮食习惯，严重影响了孩子的生长发育，如今，明峰的个头明显比同龄的孩子矮很多。

这天吃晚饭的时候，明峰望着满桌的饭菜，闷闷不乐地说道："外婆，你就只会做这几样饭菜啦？看到这些东西我就反胃！"

"不会呀，今天的饭菜都是我新学会的，你先尝尝看？"外婆宠爱地说道。

可谁知明峰把筷子一摔，生气地叫道："我不想吃，不想吃……"

外婆见状，赶忙赔笑道："要不然，我给你钱，你上外边买零食吃？你可以买你最喜欢的汉堡包，还有可乐。"

"嗯，那还差不多。"明峰的脸总算浮现了一丝笑容，"以后，你也别花心思给我做什么饭菜了，你去超市给我买各种各样的零食，比如巧克力呀、薯片呀……这些才是我喜欢的食物，知道吗？"

"知道，知道啦，小祖宗。只要你高兴，让我买什么都行。"外婆点头应道。

在很多留守家庭中，父母双方外出务工后，一般只得将幼小的孩子托付给家中的老人。由于消费观念滞后和食品安全知识欠缺，老人们在安排孩子的一日三餐、营养膳食方面，与孩子的父母相比，显然逊色很多。

以孩子们普遍爱吃的小零食为例，这些小食品价格低廉，孩子们仅凭他们手中的零花钱就可以买到。由于文化素质较低，老人们考虑最多的是"便宜"与"实惠"，却忽视了质量和安全，这便给孩子们的健康成长留下了严重隐患。

因此，父母和临时监护人切不可忽视留守孩子的饮食健康问题，让孩

子处于良好的饮食环境中，才能奠定日后健康的基础。

1. 培养孩子良好的卫生饮食习惯

教育孩子不吃不干净的食物。地下拣的东西绝对不能随便往嘴里放，生吃瓜果一定要洗干净，最好削皮。有的孩子生吃瓜果时只在自来水笼头下把瓜果一冲就算洗过了，其实这达不到消毒杀菌的目的。应该用刷子或丝瓜瓤擦上洗洁精或在清水中把瓜果刷洗干净，再冲洗几遍，然后用干净的布擦干净才能吃。

2. 管理好冰箱橱柜

大多数的家长都知道食品与营养影响健康，但拒绝购买不健康的食物可能需要更好的自制力。不要让孩子周围充满油炸食品、腌制食品、加工食品、甜食、含糖饮料等，因为这些食物含大量的脂肪、盐、糖及添加剂，不但影响生长发育，还可能成为孩子健康的杀手。想想看，冰箱及食物柜中放满了糖果、饼干、汽水及速食品，孩子如何能拒绝诱惑呢?

试着改变环境，放置新鲜天然的健康食物，如低脂鲜奶、低糖酸奶、低脂面包、红薯、杂粮饼干、全麦面包、水果、蔬菜及坚果，让孩子自然而然接触新鲜天然的食物，使之变成一种习惯，久而久之就能远离不健康的食物了。

3. 为孩子的饮食安全把好关

(1) 在购买食品时，看准“QS”标志。

“QS”是食品质量安全认证、市场准入的标志，目前已经在许多食品包装上使用。因此，家长在为孩子选购食品时，特别是孩子爱吃的乳制品、饮料、冷冻饮品、膨化食品时要注意，先查看标签上是否有“QS”标志，是否具备完整的中文标注的商品名称、厂名、厂址和生产日期、保质期、配料表等内容。

(2) 蔬果中可能含有农药，所以烹煮前应先清洗或浸泡，以减低农药

含量。存放时，也不宜置于室温下过久，以免变质；烹饪时，生食及熟食宜分开处理；摆放于冰箱的东西，应掌握先进先出的原则，并注意保存期限；食物不宜反复解冻，以免新鲜度打折、影响口感、养分流失或导致农药等化学物质产生变化等。烹煮过的食物，宜于2天内吃完最佳，并可一周检验一次冰箱的冷度（冷冻-18℃，冷藏7~8℃）。

4. 控制孩子的饮食，防止出现过量饮食的问题

很多留守孩子常常会出现吃得过饱、饮食不节制的问题。孩子在吃了许多油腻不易消化的食物，或者大量进食都会出现不适的症状。急性期会出现肚子痛、大便次数增加、不定期的腹泻或者腹胀的情况。

这时，家长一定要控制孩子的饮食，切勿让他继续大量进食。另外使用温毛巾热敷肚子，缓解过于激烈蠕动的肠胃。在此要特别提醒留守孩子的临时监护人，千万不要错误地认为“吃得就是好事”，而放纵本身肥胖的孩子大量进食，更要提醒他们避免摄入油腻的食物和随处可见的糖果零食。

5. 家长要放下自己的饮食偏好，多为孩子的饮食健康着想

在日常食物的挑选与烹调的安排上，家长要先放弃自己对食物的喜好，购买食物时，应着重新鲜度，并避免选购热狗、香肠等具有化学物或添加物的再制品，免得影响孩子的成长。尽量在孩子的环境中安排新鲜天然的6大类食物（奶类、五谷根茎类、肉鱼豆蛋类、蔬菜类、水果类及油脂类），制作健康的餐点供孩子选择。如果食物被孩子拒绝时，也不用气馁、生气，应尊重孩子，先改用同类别的其他食物，再运用一些手法改变供应的模式，以增加孩子对食物的接受度。

为孩子营造一个健康愉快的饮食环境是每一位家长的责任。在这样的环境中，孩子可以接触各式各样的健康食物，自然养成不偏食的饮食习惯，从而奠定了未来健康的基础。

温情小贴士

临时监护人要特别注意留守孩子的饮食卫生，不要给他们购买太多的零食，因为有些零食对孩子的身体健康非常不利。

1. 泡泡糖：泡泡糖中的增塑剂含有微毒，其代谢物苯酚也对人体有害。再者，很多孩子吃泡泡糖的方法很不卫生，容易造成胃肠道疾病。

2. 葵花子：葵花子中含有不饱和脂肪酸，孩子吃多了会消耗体内大量的胆碱，影响肝细胞的功能，还能造成因“津亏”引起的儿童干燥症。

3. 巧克力：儿童食用巧克力过多，会使中枢神经处于异常兴奋状态，产生焦虑不安、肌肉抽搐、心跳加快等症状，影响食欲。

4. 菠菜：多吃蔬菜，对孩子身体有益，但是有些蔬菜却不宜多吃，比如：菠菜。菠菜中含有大量草酸，草酸在人体内遇上钙和锌便生成草酸钙和草酸锌，不易吸收而排出体外。儿童生长发育需要大量的钙和锌，如果体内缺乏钙和锌，不仅可导致骨骼、牙齿发育不良，而且还会影响智力发育。

5. 可乐：可乐中含有一定量的咖啡因，咖啡因对中枢神经系统有兴奋作用，对人体有潜在的危害。由于孩子各组织器官尚未发育完善，抵抗力和解毒功能弱，危害会更大一些，所以孩子不要多喝可乐饮料。

第六章　教会留守孩子与人交往的艺术

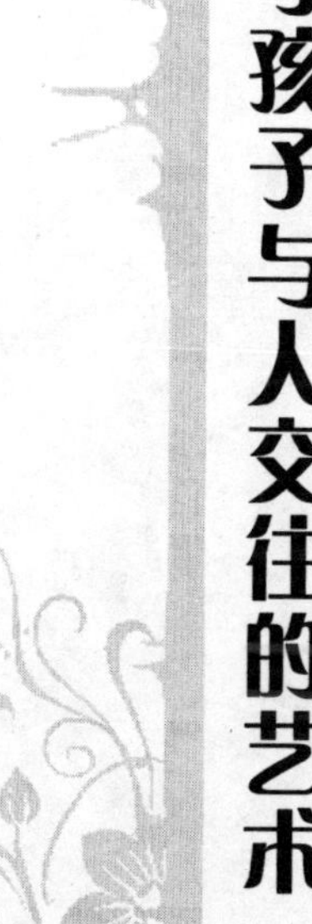

帮助留守孩子融入集体生活

从心理健康的角度来说，孩子的心理想要正常发展，就必须融入到集体中，参与集体活动。

校运会这天，全班只有韦威一个人缺席。可对于他的缺席，同学们根本就视为平常事了，因为韦威仿佛是这个班集体里的“异类”，他从不参加班里的任何集体活动，对集体的事情也是不闻不问。

就在韦威准备收拾书包回家的时候，班主任刘老师拦住了他：“韦威，你打算现在回家吗？你不去参加校运会了？”

“我又没有报名参加任何校运会项目，那我还留在这里干嘛呀？”韦威理直气壮地说道。

“但你作为这个班集体中的一员，你应该去帮参赛的同学加油鼓劲呀。你怎么能置身事外呢？”老师继续问道。

谁知韦威冷哼道：“我可从来没觉着自己是这个班里的一分子，大家都瞧不起我这个留守家庭的孩子。既然大伙都把我当成‘异类’，我就当个‘异类’好了。”

“是你多心了，同学们并没有孤立你，也没有看不起你呀，在老师心目中，你和其他学生都是一样的……”

韦威没等老师说完，便不耐烦地插话道：“好了，别说了，我自己心里有数。”说完后，韦威拿起书包，头也不回地走出了教室。

集体是一种具有目的性、组织性和心理上的相容性等特点的个人集合体。即使是我们熟悉的蜜蜂，每一只蜜蜂都是蜂群的一部分，它离开了蜂群就意味着死亡。人类也是一种集群的动物，一个人离开了人群也是无法生存的。如蒙古族谚语：松柏纵然长得好，离开了土地只能当柴烧；个人本领虽然大，离开了集体就会成傻瓜。从心理健康的角度来说，孩子的心理要得到正常发展，就必须融入集体，参与集体活动。孩子只有融入到集体中，才能得到更好的锻炼，受到良好的教育，才得以茁壮成长。

但现实生活中，留守孩子性情大多孤僻不合群，不愿与他人交往，对

陌生人持敌视态度；不能与老师和同学和平共处，甚至不和其他同学一同玩耍。那么，如何才能让孩子融入到集体生活中去呢？

第一，培养孩子的集体意识。

让孩子懂得自己生活在一个集体之中，自己有发表意见的权利，同时，又有服从集体的义务。此外，还要让孩子懂得自己的利益与集体的利益是相联系的，损害了集体的利益也就损害了自己的利益。

首先，集体意识的培养需要家庭的力量。家长可以把这些道理和孩子的生活结合起来，让他们从生活中，从一件件小事中领会到这些道理。比如，父母在回家探亲的时候，让孩子与家人一起吃饭，感受到全家人相聚的欢乐；父母要尽可能地多抽时间回家陪伴孩子，与孩子订个活动计划，或出去郊游，或搞点体育活动。孩子得到父母关爱的同时，得到的是安全感、满足感和对人的信任，同时也有利于孩子的待人接物和社群生活的正常发展。

培养孩子的集体意识更要注重家庭成员间的沟通。沟通主要是为了交流看法，形成一种平等、合作的氛围，并不一定要全部按孩子的想法去做。一个在家庭里有集体意识的孩子，以后也能很快地适应其他的集体生活。

其次，是学校的培养。家长要在孩子进入学校这个大集体的时候，给孩子一个正确的引导。然后利用学校的集体活动培养孩子的集体意识。只有集体意识增强了，才能更好地融入社会，更好地面对以后的生活。

第二，生活中，家长应多给予留守孩子鼓励、赞美。

有些留守孩子难以融入集体的原因是不自信。比如，觉得自己的家境比别的孩子差，自己的父母不在身边，怕别人嘲笑等。遇到这种情况，父母和临时监护人要在日常生活中多称赞孩子，让他发现自身优点。如果孩子明确地感到自己哪方面能力不足，那么最好帮助他提高这方面的能力来培养自信。

第三，让孩子与发展水平相仿的孩子一起进行各种有趣的活动。

孩子能够和别人一起做许多事情，能感到自己和别人都能对集体有贡献，自己能和别人打成一片，并从中得到力量，同时也感受到集体的力量，他就不再觉得自己弱小无能。

第四，当孩子在集体中遇到困难，家长一定要及时发现并迅速给予指导和鼓励。

孩子在班上的处境总有有利的时候和不利的时候，或者因为人际关系问题，或者因为活动角色问题，或者因为表扬批评问题，或者因为学习成绩问题，都会带来处境和情况的变化。家长要了解情况，帮助孩子做出客观的分析、判断，既看到有利因素，也看到不利因素。要指导孩子学会理顺关系，扭转不利处境。

集体对于留守孩子来说就像一个小小的社会，从他们迈入这个集体的第一天起，老师和同学就成了他们交往和沟通的新对象。留守孩子只有和他们相处融洽，掌握良好的交往技能，才能为他以后成为一个“社会人”提供条件。

温情小贴士

家长应支持留守孩子当班干部或承担一定的集体责任。职务不论大小，责任不论轻重，都对培养孩子的主人公精神有好处，而且能培养孩子的多种能力。实在没有合适职务的，应鼓励孩子在每次班队活动中做积极分子，完成自己的任务。

让留守孩子学会交朋友

交朋友，看似一件自然而然的小事，实则需要不断地培养和锻炼。父母和临时监护人千万不能因为害怕留守孩子受欺负，而让他们放弃交往。

海伦已经在爷爷家住有一段时间了，可爷爷发现，海伦平时很少和院子里的孩子一起玩耍，她每天只会抱着洋娃娃说话。难道孙女被院子的孩子欺负了？

这天，爷爷特意找到院子里的小朋友们了解情况，结果却让老人大吃一惊，据这些孩子反应：海伦不喜欢和他们说话，有时候，大家想邀海伦一起玩游戏，可海伦总是摇摇头，然后害羞地跑回家里。

晚上，爷爷来到海伦的房间，试探着问道："乖孙女，你老是呆在屋子里，不觉得闷吗？"

海伦轻声答道："不闷，我可以和洋娃娃一起玩，给它讲故事，告诉它我是多么想念远方的爸爸妈妈，它就是我最好的朋友。"

"可洋娃娃不会说话呀，它也不能陪你捉迷藏，不能和你一块儿玩跳绳、唱歌、跳舞，你为什么不去交真正的朋友呢？有了朋友的陪伴，你会感到很快乐的。"爷爷循循善诱道。

这时，海伦眨了眨大眼睛，怯生生地问道："其实，我也想和小伙伴们一起玩，可是……可是我怎么才能交到朋友呢？别的孩子愿意和我交朋友吗？"

"当然愿意了。院子里的小朋友都很善良，他们非常乐意和你交朋友，只要你主动去和大家打招呼，相信你很快就会拥有许多好朋友的。"爷爷鼓励道。

"可只是打招呼就能和大家成为朋友吗？"海伦半信半疑地问道。

爷爷慈爱地抚摸着海伦的头，继续道："除此之外，你还需要变得活泼一点，要学会笑着和别人打招呼；当别的小朋友遇到困难的时候，你能及时地给予他帮助。只要你做到以上几点，你会成为院子里最受欢迎的小孩哦。"

"嗯，那我就试试看。"海伦充满信心地说道。

自从那晚的谈话后，海伦果然很快和院子里的孩子打成了一片，而且正如爷爷预料的那样，她现在交了很多好朋友，她的性格也渐渐变得开朗、活泼了。

因远离父母，有的留守孩子性格内向孤僻、敏感多疑、不合群，他们不愿与别人交往，不愿与同龄人交朋友，生活在狭小的自我空间里。这些留守孩子缺乏友谊的情况令人担忧。

人不仅有生存和发展的需要，也有正常社会交往的需要，交朋友是社会交往内容中重要的一个方面。成年人需要朋友，孩子更需要朋友。据心理学研究，多和同龄孩子交往玩耍，可以培养孩子的协作能力，减轻他们的孤独感。而基本上没有什么朋友的孩子很容易形成消极情绪，容易导致和同学、和父母的冲突。

因此，家长们必须让留守孩子学会交友。交朋友，看似一件自然而然的小事，实则需要不断地培养和锻炼。父母和临时监护人千万不能因为害怕留守孩子受欺负，而让他们放弃交往。帮孩子丰富社交经验，教他学会与别人友好相处，才能使他的交往能力不断提升，从而获得自信和愉悦。家长的示范，对孩子“交友”很重要：

1. 培养孩子活泼、开朗的性格

让留守孩子尽情地表现自己的情绪，不要压抑自己的喜、怒、哀、乐。在孩子很小的时候，每天逗他笑，给他讲幽默的童话故事，鼓励他每天和邻居家、学校的同龄伙伴玩，做游戏。每天给孩子一张快乐的脸，让大人的情绪感染孩子，让他成为一个快乐的人、一个受人欢迎的人。如果孩子天生性格内向，要尽量锻炼孩子善于讲话，善于和别人交流。内向随和的孩子同样可以受到朋友的欢迎。

2. 培养孩子优良的品格

在人际交往中有些个人品质很重要，比如，正直、诚实、宽容、热情、

大度、善良、真诚等等。教会孩子学会微笑，对别人的事情和问题感兴趣，愿意帮助别人，能与别人一起分享感受，和同伴之间以诚相待。比如，邻居家的孩子病了，可以带自己的孩子去看望，并让孩子主动去问候他。

3. 让孩子主动交朋友

让孩子主动和别人交朋友，比如，孩子很小的时候，就可以鼓励孩子主动和别人打招呼，看见邻居家的叔叔、阿姨、哥哥、姐姐，让孩子主动问好。在街上看到行动不便的老人、孕妇或者小朋友，以及其他一些需要帮助的人，如果孩子力所能及，就让孩子主动去帮助他们，使孩子体会助人为乐的感受，知道帮助人可以得到别人的好感和谢意。到一个陌生的环境要鼓励孩子主动寻找玩的伙伴，比如，带孩子去娱乐场或孩子集中的地方，让孩子主动和周围的伙伴合作，一起游戏，结伴参加活动。孩子上学的第一天，要鼓励他，告诉他："亲爱的孩子，希望你认识一些新的朋友，我很愿意看见你的新朋友。"

4. 为孩子创造与人交往的机会

有些留守孩子内向不愿与人交往，家长要为孩子创造与人交往的机会，使他懂得怎样与人相处，使他拥有朋友。可以让孩子邀请学校的同学来家里玩，让孩子把同学带到家里一起做功课。在孩子过生日的时候，邀请他的一些伙伴或好朋友到家里一起吃生日蛋糕。周末，可以带着孩子到他的伙伴家里做客，或者邀请几位家长带着各自的孩子去公园玩。

5. 给孩子提供练习分享行为的机会

慷慨待人的品格是在实践活动中形成的所以家长在日常生活中应尽量为孩子提供一些机会，让孩子的分享行为得到练习。如买回的零食不要全部留给孩子吃，要让孩子亲自把糖果分给家庭成员，与家人共同分享；玩耍时，引导孩子把心爱的物品与朋友一起分享。在这些练习中，家长应及时称赞孩子的慷慨之举，使孩子得到快慰的心理体验，促进孩子慷慨行为的进一步发展。

6. 积极引导孩子建立正确的交友观

孩子的交友往往没有原则，没有一个辨别审视的过程，因而容易交上不三不四的朋友。针对这种情况，家长一方面要让他们懂得什么真正的友谊，要让他们知道在一起吃喝玩乐不是真正的友谊，讲哥儿们义气也不是真挚的友谊。朋友之交，贵在知心，真正的友谊要靠忠诚去播种，热情去浇灌，谅解去护理，原则去维护。另一方面要帮助孩子学会正确的择友，只有找到真正的挚友，才能使自己取长补短，不断进步，不断完善。要让孩子真正懂得在交友的过程中交益友，不交损友。

温情小贴士

多数留守孩子普遍存在同伴交往缺失倾向，只有通过大人示范，才能让他们对‘交朋友’有一个感性认识。尤其对害羞、内向的留守孩子，家长的表率作用更重要，如果大人就不愿交往，孩子就更差了。

首先，家长要积极参加社交活动，乐于和别人交往，孩子才能在耳濡目染中，对如何交朋友有一个感性认识。

其次，家长时刻注意自己的社交方式。比如见人热情打招呼，友好说谢谢等，能让孩子潜移默化地掌握一些社交技能。

此外，家长还要为孩子提供一个开放式的社交环境。另外，要让他懂得朋友是互助的，家长可以通过移情训练，让孩子学会站在他人的立场上看问题。

究竟什么是移情训练，比如：在马路上，看到一个小朋友摔倒了，家长不妨问问自己的孩子“你摔倒时最希望别人怎么做?”如果孩子回答“感觉疼，希望别人扶自己”时，家长可以告诉并鼓励孩子“这个小朋友和你想法一样，你是不是该帮帮他?”

1+1可以大于2：让孩子学会与人合作

合作是一种比知识更重要的能力，是一种展现个人品质与风采的素质，是一个人能够获得成功的重要保证。

刘辉生长在一个外交官家庭，他的父母常年在国外工作。为了让儿子、儿媳能安心在外，爷爷便把刘辉留在了身边抚养。

也许是由于特殊的家庭背景，刘辉从小就有一种优越感。平时和小伙伴们一起玩时，总是喜欢独断专行，对别人呼来喝去，凡事都必须听他指挥，这使得小伙伴们很不高兴。

其实，爷爷把这一切都看在眼里，可他一时又找不出教育的刘辉的方法，心里非常着急。这天，爷爷总算找到了一个恰当的时机……

刘辉很喜欢看 NBA 比赛，湖人队里的球星科比·布莱恩特是他的偶像。凡有关他的消息，刘辉都不会放过，

此刻，刘辉正在电视机旁津津有味地看一场湖人队的比赛，爷爷觉得机会来了，便坐在孙子旁边一起看了起来。

"爷爷，你什么时候学会看篮球比赛的呀?"刘辉好奇地问。

"其实我一直都挺喜欢看篮球赛的，只是你不知道而已……这场湖人队比赛相当精彩，我又岂能错过？另外，别以为只有你们小年轻才会追星，我这个老头也是'追星族'呢，我觉得科比是个相当棒的球员。"爷爷笑着回答说。

刘辉兴奋地叫道："你也喜欢科比啊，他可是我的偶像呢！"

"是你的偶像啊，那你可要好好模仿他的动作啊。"爷爷说道。

"那当然，他的一举一动我都在学。"刘辉应道。

"你看，他的传球多好，和队友配合多默契啊。可你知道吗，他球技这么好，听说在场下还非常谦虚呢，他和教练及队友相处的也很友好，从来不摆明星架子。而且最重要的一点是他对于任何事情都做得井井有条。"爷爷赞叹道。

刘辉说道："是吗？你接着说。"

“你知道吗？他们球队成绩这么好，不仅仅因为队员技术好，更主要的是他们之间配合默契，这可都是第一球星科比带的头啊。他很平等地对待每一个队员，不管是主力还是替补，他都一视同仁。即使队员在场上犯了错误，他也不会批评他们，总是鼓励他们去做的更好，我觉得这才是真正的球星。”爷爷颇为专业地点评道。

刘辉有所感悟地说：“原来他这么谦逊啊。”

爷爷趁热打铁地说：“是啊，技术好，人品更好，难得啊！你希望做一个像他那样的人吗？”

“我当然希望了。”

“那就从今往后，像你的偶像那样，谦逊平等地对待你的每一个朋友，学会与别人合作，不要自高自大，做事多和大家探讨、商量，你能做到吗？”

“嗯。”刘辉重重地点头保证道。

调查表明，很大一部分留守孩子存在孤僻离群、不爱与人交往的问题。由于这些留守孩子远离父母，而临时监管人多半又对其放纵不管，因此造成了他们非常任性，喜欢独来独往的性格。生活中只有自己，很少想到别人。这样的孩子长大以后，很难与人合作，很难适应社会。

从孩子的天性来说，都是乐群好交的，那些孤僻离群、不会与人相处、不会与人合作的孩子大多数不是缘于天生，而是由于不当的家庭教育方式所致。

是否具有与人合作的良好品质，是当今世界判断是否是人才的重要标准之一。所以，家长们一定要让孩子学会与人合作。合作是一种比知识更重要的能力，是一种展现个人品质与风采的素质，是一个人能够获得成功的重要保证。

培养孩子良好的合作精神与能力，也符合现代社会对人才的要求。现

在的社会是高速发展的社会，人与人之间的竞争更加的激烈，更需要人们在各方面开展多方面的合作。如果缺乏与他人合作的精神和合作的能力，任何人也不会在事业上有所建树，甚至连适应社会都很困难。

那么，父母和临时监护人应该如何培养留守孩子主动参与合作的能力呢？

第一，使留守孩子体验到“单独奋斗”的挫折感，明白合作力量大的道理。日常生活中的很多行为是必须两个或两个以上的人配合才能够完成的。例如，各人霸占一小堆积木砌不出什么好看的造型，而大家合作，让积木充分利用，就能共同砌出各种好看新奇的造型。帮助孩子从这些失败中理性地分析原因，有助于他们体会到合作的必要性。

第二，使留守孩子明白：合作在于欣赏他人。家长可以通过自身的言行，或者通过讲故事的方式，让孩子明白每个人都各有所长、各有所短。因此，教育孩子不要嫉妒或是轻视别人的长处，也不要对自己失去信心，而是学会以彼此的长处互为所用，从而达到共同成长的目标。当然，要让孩子真正做到这一步不是很容易的事情，在这方面也是需要训练和培养的。家长不妨鼓励孩子多参加运动、游戏，在规则内进行竞争与合作、欣赏与互助。球类等竞技类活动可提高孩子自觉合作的愿望和水平。此外，也可运用必要的奖惩加强适度竞争下的合作。

第三，让留守孩子有成功合作的体验。成功合作的体验是强化孩子的合作意识，养成合作习惯的持久的内部刺激物。它使孩子们在没有大人督促，没有规则要求的情况下，能够预见到美好的前景而持续参与的一种合作。需要指出的是，成功合作不是一定能达到现实的目标。尽管有的合作最终还是失败了，但合作的过程是令人愉快的，参与者都已经尽力而为，从客观上说大家都有所收获，这样的合作仍然是成功合作。

第四，教会留守孩子参与合作的技能。合作，意味着参与者的个性要服从集体的“共性”，意味着参与者必须约束自己的表现欲以求得整体“合力”的最大化。合作需要有爱心的付出，需要牺牲精神，还需要人际交往的技能。如果缺乏这些素质，合作便是不愉快的，也是不能持久的。在合作中的参与者如果各自心怀局部利益，不愿意尽自己的那一份义务，那么必定不能达成现实的目标，更谈不上成功合作。

第五，让孩子知道：合作始于独立。独立是合作的基础，在一个群体中，独立能力强、善于独立思考并作出决定的人更容易受到大家的欣赏和认同，形成更深入的合作，而一些事事依赖别人或受制于别人的人则很难与人达成真正的合作协议。可以说，真正的合作是在彼此独立的基础上充分发挥各自的优势，为了共同的目的进行相互协商、相互沟通从而取得最大功效的过程。因此，家长首先要重视对留守孩子的独立性培养，不仅要及早让孩子学会整理物品、做些力所能及的家务事等一些自我服务的本领，同时要放手让孩子自己去想去做，还要提供机会让孩子独立思考、独立选择、独立解决问题，使孩子有足够的信心和能力去主动参与各种合作活动。父母能为孩子提供最为直接的合作机会，莫过于让孩子直接参与家庭事务及家庭活动，以便增强孩子与他人合作的能力。

父母让孩子帮助做家务时最好是既分工又合作，共同做好事情，如炒菜、布置客厅等。孩子会觉得自己非常重要，像个成人，对自己能够做的事情感到骄傲。让孩子跑跑腿、做一些琐碎的小事等，都可以给孩子充分的机会锻炼自己。如果孩子把事情做得不够理想，父母也要多加鼓励。父母要让孩子感觉到在这些家务中，他的作用是重要的，于是孩子会懂得一个“合”字，也就培养了孩子与别人合作的愿望、合作能力及行为。孩子们从小在家庭中学到的知识、培养的合作精神，都会渗透到他们的性格中去，在长大成人后带入社会。一个懂得合作的孩子会很快适应工作岗位，并发挥积极作用，不懂合作的孩子在生活中会遇到许多麻烦，产生更多的

困难。

如何让留守孩子学会与人合作，家长们还需做到：

1. 培育孩子关心他人，爱护他人，助人为乐的高尚情操。孩子无论在学校或家庭，都要养成这样的好品德：在家尊老爱幼，在校尊教师、爱同学。因为只有关心别人，才有可能与别人合作。

2. 让留守孩子学会悦纳别人。所谓悦纳别人，是指自己从内心深处真正愿意接受别人。从实质上讲，合作是双方长处的珠联璧合，也是双方短处的相互遏制。只有欣赏对方的长处，合作才会有真正的动力和基础。

3. 积极创造条件，鼓励支持留守孩子多参加各种集体活动和有益的社会活动。让孩子初步适应一定人际交往的环境。还可以通过某一有意义的活动，增强孩子的集体观念，使他们逐步具备团结友爱、助人为乐的好品质。

孩子，学会与人分享会让你变得幸福

分享快乐是学会做人的一项重要内容。一个人只有能原谅别人的过失，分享同伴的快乐，才会很好地关心他人、与人合作。

由于父母远在外地工作，康康从小便和爷爷奶奶生活在一起。也许是两位老人对康康过于宠爱，使他养成了自私自利的坏毛病。在家里，康康是绝对的权威，但凡他的东西，就是爷爷奶奶也不准动一下。

有一次，康康正在津津有味地品尝着妈妈从外地寄来的巧克力，奶奶故意凑到他身边，“哀求”道：“这么美味的巧克力，能分一块给我尝尝吗?”

谁知康康白了奶奶一眼，紧紧地搂着那盒巧克力，拒绝道：“不行！这是我妈妈特意给我买的，所以只能属于我一个人!”

康康的话让奶奶颇感心寒，可她转念一想：孩子年纪还小，喜欢吃独食或许是天性，等他长大后，会懂事的。

还有一次，爷爷奶奶邀请邻居家的小刚到家里做客，可康康却一百个不高兴，而且还摆出一副如临大敌的样子，他让小刚不要碰他的玩具，也不让别人吃他的零食。到了吃饭的时候，康康甚至会目不转睛地瞪着小刚，怒气冲冲地问说：“那是我最喜欢吃的牛肉，不准你吃！你家没有做饭吗?为什么要来我家蹭饭?”

小刚听到这样的话，自然很不高兴，他放下筷子，礼貌地对爷爷奶奶说道：“康康好像不欢迎我，那我还是先回家好了。”

如此场面，让爷爷奶奶十分尴尬，可他俩却也不忍心责备自己的孙子……

其实，像这样的孩子都是家长们惯出来的，而家长们又不得不吞下自己种的“苦果”。

素质教育的目标提出“要教会孩子与同伴分享快乐”。分享快乐是学会做人的一项重要内容。一个人只有能原谅别人的过失，分享同伴的快乐，才会很好地关心他人、与人合作。

但现在，大部分留守孩子都是独生子女，他们的监护人多半是祖辈们，老人对孩子特别娇惯，有好吃的全留给孩子吃，有好用的也都留给孩子用。渐渐地，孩子就认为什么好的东西都应该是自己的，丧失了分享的观念。因此，家长们千万不要做任何事都围着孩子转，以免助长孩子的占有欲和自私自利的性格。

学会与人分享是每一个孩子都应该养成的一种良好品质。从个体发展的角度看，每个孩子都要与他的同龄人进行交往，不会分享的孩子往往与同伴的交往也不会顺利，从而造成孩子不容易融入集体之中，不被同伴所接纳，进而具有使孩子感到孤独，使他的性格容易变得封闭、孤僻。而具有分享品质的孩子则容易与同学打成一片，并在其中感受到快乐，进而使他的性格变得越来越开朗、自信、合群。因此，培养孩子的分享品质是非常重要的。

那么如何培养留守孩子的分享能力呢?

第一，不要强迫孩子。孩子的分享行为必须是一种自觉行为，通过分享来达到体验良好情绪的目的。如果是成人强迫孩子进行分享，孩子体验到的是一种不好的情绪。所以，在孩子不愿意进行分享的时候，家长要及时观察原因，如果是因为物品数量缺乏，或者物品对孩子有特殊的意义，家长要理解孩子，然后在此基础上引导孩子。家长不妨这样对孩子说："如果你能够把这样东西与别人一起分享，那我真是太高兴了；如果你不愿意，我想是因为你太喜欢这样东西了吧？当你有更多的时候，你会很高兴与小朋友分享的，是不是呢?"也有的孩子不愿意与人分享是因为他受自我中心意识的限制，所以不能够理解"我的"为什么要给别人呢？在这种情况下，家长就要理解孩子这种思维限制，通过具体事实来引导孩子学会分享。

第二，从家庭生活做起。在日常生活中，家长可以结合一些具体的事例，从身边的人开始做起。例如，当全家人在一起吃水果时，爷爷可以有意识地把水果与奶奶分享，和孩子分享。同时也告诉孩子，可以把他自己手中的水果和爷爷奶奶分享，并夸他是一个懂事的孩子，使他体验到一种积极、快乐的情绪。

第三，及时鼓励。当孩子能够在吃东西的时候想到家人，家中来了小朋友时能够把自己的玩具拿出来一起玩，家长应该对孩子进行表扬，让孩子有一种积极的情绪体验，并在这种情绪体验中为得到强化而保持。家长要鼓励孩子继续这样做，可以告诉孩子这样做是一个好孩子的表现。另外，家长也可以通过动作、表情、眼神等体态方面对孩子进行鼓励。

第四，鼓励孩子多参与集体活动。在集体活动中容易培养分享的习惯，因为分享往往是相互的，如果不能够把自己的物品与别人分享，同样也就得不到别人的物品，这时会产生一种失落与被排斥的感受。集体活动中的人际交往会使孩子反思自己和别人的行为，思考一个人自私会怎么样？如果想得到别人的物品，分享是不是一种好的方法？这样就会使孩子自我引导学会分享。

另外，家长也要教孩子一些分享的技巧，如在分享的时候，态度要真诚，讲话要有礼貌。这对孩子与别人分享的顺利进行，也是很重要的。

总之，分享是一种良好的行为，能够帮助个体体验到积极的情绪，帮助个体学会人际交往。但在生活中，留守孩子中普遍存在着不愿意分享的自私行为，妨碍了孩子情绪智力的发展，所以父母和临时监护人必须意识到小习惯中蕴藏的大问题，及时帮助留守孩子纠正。

温情小贴士

在家庭中，父母和临时监护人要学会巩固留守孩子分享行为的形成：

1. 创设环境

在家中营造尊老爱幼良好氛围，注意引导孩子从身边的小事做起。如：把新玩具分给邻居家的小朋友玩，有好吃的先分给爷爷、奶奶、爸爸、妈

妈吃，让孩子渐渐地养成分享的行为。

2. 故事引导

家长可以在晚饭后，或者睡觉前讲述一些有关分享和谦让的脍炙人口的故事或儿歌，让孩子从小懂得要谦让，要把好东西分给大家。

3. 榜样作用

大人们的日常行为、言谈举止和情感态度随时都对孩子的发展产生潜移默化的影响。所以，家长要做个有心人，平时抓住一切有利时机为孩子做好行为示范。

4. 实践机会

在留守家庭中，家长更要经常提供孩子为长辈服务的机会，如在家里买了水果、糕点时，让孩子进行分配，如果孩子分配得合理，就及时表扬强化。

孩子，嫉妒会让你迷失自己

一个人承认差异就是承认现实。要使自己在某方面好起来，只有靠自己奋进努力。嫉妒于事无补，而且会影响自己的奋斗精神。

媛媛的班上同学多半都是来自留守家庭，所以，在这样的环境下生活、学习，媛媛并没有觉得有多大的压力。可这个学期，班里新转来一个女孩，这个女孩不但样子长得可爱，学习成绩也是非常优秀，而且对人和气真诚，大家都喜欢和她交朋友。另外，这个女孩并不是留守孩子，她的妈妈每天都会来接她放学。

这半路杀出来的“程咬金”让媛媛非常嫉妒。因为，在她没有转到班上来的时候，媛媛是大家心目中的“小公主”。但现在“小公主”不再是自己了。更让媛媛受不了的是，这个女孩整天摆着一副被父母宠坏的“得意模样”。

这天，媛媛把自己心中的烦恼和小姨倾诉了一番，希望能得到小姨的帮助。媛媛气鼓鼓地说道：“哼，她有什么了不起的！真讨厌！每天都会把‘我爸爸怎么、怎么样，我妈妈怎么、怎么样’挂在嘴边，这分明就是嘲笑我们这些留守孩子！学习好又怎么样？得老师的欢心，又如何？”

小姨听罢媛媛的讲述，隐约也能从她的话中感到酸酸的“嫉妒”。于是，小姨抚着媛媛的头发，开导道：“其实，你和她没有什么不同，只不过你的父母在外地工作，可他们对你的爱是不变的。另外，每个人都有自己的长处，对吗？她有她的优点，你也有你的优点呀。你的学习成绩也一直名列前茅，你们老师也非常喜欢你呀。所以，一个人不要因为别人在某一方面稍微比自己强一点，就去随意批评别人。明白吗？有时候，可怕的嫉妒心会让你迷失自己哟！”

媛媛听了小姨的话，倒觉得有点不好意思了。她点点头，把小姨的话牢记心中。

后来，媛媛和那个女孩成了好朋友，大家互相帮助、互相学习，媛媛发现她真是一个不错的朋友。媛媛心中默默感谢小姨当初的一番话语，让

她没有错过这样一个知心的好朋友。

嫉妒是由于别人胜过自己而引起抵触的消极的情绪体验。黑格尔曾说，嫉妒是“平庸的情调对于卓越才能的反感”。在留守孩子中间嫉妒很常见，因为这些孩子强烈渴求父母的爱，看到周围与父母生活在一起的孩子，而他们自己情感无法得到满足，有的开始怨恨自己的出生，怨恨外出的父母，怨恨家庭的分离，进而发展到怨恨他人，嫉妒他人。他们心理难免会失去平衡，因为自己的不幸而感到痛苦，因为别人的幸福更感到痛苦，甚至不惜采取过激行为，来满足自己的嫉妒心理。

嫉妒程度有浅有深。程度较浅的嫉妒，往往深藏于人的潜意识中，不易觉察。儿童和青少年时期的嫉妒心基本上都还处于萌芽期。若任其肆意发展下去，会对孩子的身心造成严重的危害。英国哲学家培根曾说：“嫉妒这恶魔总是在暗暗地、悄悄地毁掉人间的好东西。”

首先，嫉妒心理影响身心健康。嫉妒心强的人容易得心身疾病。由于他长期处于一种不良的心理状态中，情绪上总有压抑感，久而久之可能导致器官功能降低，产生不良的心身反应。因此，又可引起忧愁、消沉、怀疑、痛苦、自卑等消极情绪。这样一来恶性循环，会严重损害身心健康。

其次，有嫉妒心的孩子在集体生活中是不受欢迎的。当一个人嫉妒另一个人的时候，就不会对那个人友善、热情，两个人的关系必然冷淡。嫉妒的对象越多，关系冷淡的对象也就越多。这就给孩子的社会交往能力的发展带来极大的障碍。所以，嫉妒心是孩子的人际智能发展道路上的一块大绊脚石。

嫉妒心强的孩子还会过分自信，甚至自大。但时间长了容易产生自卑，甚至可能像琪琪那样采取不正当的手段去伤害别人，使自己陷入更恶劣的处境。因为对自己和别人的认识过于主观和偏激，所以，有嫉妒心的孩子在发展内省智能方面也困难重重。

另外，嫉妒心强还会影响学习。嫉妒心强，直接影响人的情绪，而不良的情绪会大大降低学习的效率。

面对嫉妒给留守孩子带来的种种危害，父母和临时监护人应该如何引导呢?

1. 教育孩子承认差异，奋进努力。现实中的人必然是有差异的，不是表现在这方面，就是表现在那方面。一个人承认差异就是承认现实，要使自己在某方面好起来，只有靠自己奋进努力，嫉妒于事无补，而且会影响自己的奋斗精神。我们应该把“努力改变自己”作为正确的指导思想。

家长千万不可用贬低孩子所嫉妒的对象的办法来减轻孩子的嫉妒心理，那样会导致孩子过多地去看别人的不足而放弃自己的努力。

2. 教育孩子不断提高自我意识水平，正确地评价自己和别人。提高自我意识水平，是克服嫉妒心理的基本途径。教育孩子经常反问自己：“我现在各方面表现如何？我虽然生长在留守家庭，可我和别的同学一样，我们同样都有优缺点。那么，我有什么优点？有什么缺点？跟上个月（或上个星期）比较哪些方面有进步？哪些方面有退步？我该怎么办？我有决心再上一个新的台阶吗？我是否应该听取大人的意见？是否征求老师、同学的意见?”同时，教育孩子在班上给自己寻找追赶的榜样，看到别人的长处。一个孩子如果能经常这样去想问题，嫉妒心理就会慢慢打消，从而能够客观地自我评价，客观地评价别人。

3. 把精力投入到学习中。学会升华嫉妒心理，把它化为一种动力，每一时期给自己确定一个奋斗目标，并为此努力拼搏，在不断奋进中，你能取得很大的进步，嫉妒心理也会烟消云散。

4. 帮助留守孩子树立自信。心理学家认为，很多留守孩子由于缺乏自信，所以往往更容易产生嫉妒心。对这类孩子来说，家长的爱、赞扬和理解是医治自卑、克服嫉妒的佳方良药。一个充满自信和自尊的孩子往往会充满安全感、满足感和快乐感。他们不大会被他人的成功搅得心神不宁，或生出畸形心理。大度和乐观，恰恰是扑灭嫉妒之火的最好的“灭火剂”。

5. 培养豁达的人生态度。人生本是一个大舞台，每个人都有自己适合的角色，人人各有归宿。要让留守孩子勇于承认有些人有比自己更高明更优秀的地方，努力向他们学习，奋发图强，把自我的这种好强个性转化为一种内在的竞争机制，一种推动自己勇敢向前的力量，从而在社会中实现自己的价值。

温情小贴士

改变留守孩子的嫉妒心理，家长首先要改进自己的教育方法，不要总拿自己的孩子跟别的孩子比，让孩子感觉自己不如人。在孩子处于劣势时，引导孩子通过自己积极进取赢得进步，而不是寄希望于对手退步。

家长要让孩子懂得正确的比较方法。相当一部分嫉妒心重的孩子，往往在与别人比较的时候存在偏差。有的孩子总是将自己的长处与别人的短处比，结果妄自尊大；有的将自己的短处与别人的长处比，越比越没有底气，越来越自卑。正确的比较方法应该是，客观地、实事求是地比较，清醒地认识到自己的优势与不足，取长补短。

此外，家长应该想办法让孩子的生活丰富起来，多参加各种活动，培养他们各方面的兴趣。孩子的时间被自己感兴趣的活动充实，陶醉在自己的乐趣当中，自然就没有时间去嫉妒别人。

第七章　学会自我保护：让留守孩子免于意外伤害

不要让花朵过早凋零：让留守女童远离性伤害

家庭是女童性教育的第一任老师，应该从小进行相关的安全防范教育。在日常生活中，家长应该多向留守女童灌输一些如何防范性侵害，以及做好自我保护的相关常识。

留守女童由于生理和心理的特点，比留守男童更容易受到伤害，特别是性伤害。因此，农村留守女童的性安全问题，是留守儿童问题中非常重要的问题之一。

近年来，留守女童的性伤害事件频频见诸媒体，其事例不胜枚举，件件都是触目惊心。以下是媒体披露的几个典型事例：

A. 2004 年 3 月，四川省富顺县某镇发生了一件令人震惊的事：一个 13 岁的女孩，在无人事先知情的情况下生下了一个孩子，尚未成年的女娃娃竟然当上了母亲！这就是由于父母双双务工在外，作为“留守儿童”的她，因被堂伯父诱奸当上了未成年妈妈。

B. 苏北泗洪县归仁镇一名 73 岁的老头，连续糟蹋两名小女孩后，被女孩家人发现，羞愧之余服药自杀。当地群众感叹：“哎，两孩子的爸爸妈妈都出去打工了，如果在家，那畜生也不敢啊！”

C. 2004 年 5 月，江西奉新县一位 15 岁少女，因为父母长期在外务工，家庭疏于管理，到县城上中学后，每天沉迷网吧。5 月 9 日，她到县城广场附近的网吧上网后，结识了当地的两名网友罗某、许某。网上的甜言蜜语和信誓旦旦使她对他们有了好感。晚上，两人约她出来见面。之后，3 人一起走到沿河南路的一个正在建设中的休闲场所。罗某和许某趁无人之机，将她轮奸了。

D. 2002 年 4 月，安徽省阜南县一个 11 岁留守女孩被奸杀。2002 年底，某县公安部门曾破获了一起令人震惊的特大强奸、伤害幼女案。犯罪嫌疑人苗少勇自 2001 年开始先后窜至河北、河南、安徽等地农村，或用少量金钱、水果引诱，或以问路、送信、找人为借口，将 6 ~ 14 岁的女童骗至僻静处实施强奸。苗少勇在两年时间里共作案 20 起，受害女童达 20 人，其中 1 名 6 岁女童惨遭杀害。这些被害幼女中，大部分是留守女童。

近年来，留守女童被性伤害的悲剧频频上演。最近公安部的一项统计表明：留守儿童已成为受各类犯罪侵犯的高危人群，其中，留守女孩容易成为性侵犯的对象，并且留守女童在性侵犯面前是最措手无助的，犯罪分子也往往最容易得逞。

留守女童的性安全问题是关系到社会发展的问题，也是未来一代健康成长的问题。留守女童在我国的数量很多，其遭到性侵害的问题可能还不见冰山一角，遭受性骚扰的问题更加严重。因此，保护留守女童的性安全刻不容缓。让她们健康成长，这是每一个留守家庭的父母和临时监护人必须承担的责任。

首先，家长必须担当好监护留守女童的责任。

父母外出打工一定要为留守女童选择好能够起到监护作用和安全的监护代理人，不能忽视自己女儿的性安全，更不能轻易把女性孩子托付给别的男性亲戚。

其次，家庭是女童性教育的第一任老师，应该从小进行相关的安全防范教育。在日常生活中，家长应该多向留守女童灌输一些如何防范性侵害，以及做好自我保护的相关常识。

1. 告诉孩子，自己要明白什么是性侵犯和受到性侵犯怎么办，受到侵犯应向信赖的成年人和警察求助。

2. 外出时，应了解环境，尽量在安全路线行走，避开荒僻和陌生的地方。

3. 晚上外出时，应结伴而行。衣着不可过露，不要过于打扮，切忌轻浮张扬。

4. 外出要注意周围动静，不要和陌生人搭腔，如有人盯梢或纠缠，尽快向大庭广众之处靠近，必要时可呼叫。

5. 外出时，随时与家长联系，未得到家长许可，不可在别人家夜宿。

6. 应该避免单独和男子在家里或是宁静、封闭的环境中会面，尤其是到男子的家里去。

7. 在外不可随便享用陌生人给的饮料或食品，谨防有麻醉药物；拒绝男士提供的色情影视录像和书刊图片，预防其图谋不轨。

8. 独自在家，注意关门，拒绝陌生人进屋。对自称是服务维修的人员，也告知他等家长回来再说。

9. 晚上单独在家睡觉，如果觉得屋里有响声，发觉有陌生人进入室内，不要束手无策，更不要钻到被窝里蒙着头，应果断跑出室外尖叫求救。

10. 如在上学或放学路上，不幸被坏人跟踪时，千万要做到以下几点：

（1）不能惊慌失措，要镇静。

（2）迅速观察环境，看清道路情况，哪儿畅通，哪儿不通；哪儿人多，哪儿是单位。

（3）立即甩开坏人。方法就是跑开。向附近的单位跑，向有行人、有人群的地方跑。如果是夜晚，哪处灯光明亮，就往哪跑。如果附近有居民家，往居民家里跑求救也可以。

（4）可以正面相视，厉声喝问："你要干什么？"用自己的正气把对方吓倒、吓跑；如果对方不逃，可大声呼喊，引来行人。如果坏人不跑，那么你就要立即作出反应，自己跑开。

11. 尽可能地让孩子掌握必要的防卫知识。

呼救，这是所有女孩子都会做的。放开喉咙尖叫，一是表示反抗，二是呼吁救助。万一陷入困境时，应竭尽全力还击歹徒。自己的头、肩、肘、手、胯、膝、脚都可以成为攻击的武器。要设法击中歹徒的身体要害，如踢他小腹，会使其疼痛难忍，放弃自己罪恶的行径。也可以不失时机地咬他。

12. 受到了性侵害，要尽快告诉家长或报警，切不可害羞、胆怯延误时间丧失证据，让疑犯逍遥法外。

温情小贴士

家长应该采取一定的措施，提高处于青春期留守女孩的自我保护能力：

1. 要帮助女孩认识青春期生理、心理发展的特点，让其学会调节控制情绪冲动，认识外在美与内在美的统一才是理想的女性特征。与异性交往保持适度的距离，注意力不要过多地关注自我形象，而要进一步提高自身修养和判断是非的能力。家长还需让女孩通过正确的途径寻求科学的性知识（生理课、心理健康教育课或科学健康杂志），树立健康文明的性道德观。

2. 家长不要向女孩灌输“女性受歧视”的错误传统观念和“女性智商不如男性”的错误思想，要帮助她们树立远大的理想和正确的人生观，让其将精力集中到学习上，不要盲目地自我放弃或随波逐流，要选择好自己的人生方向。

3. 留守女孩在青春期出现的心理问题较多，家长应与她们多沟通交流，这样她们才能增长更多的见识，减少肤浅的认识，提高个人的认知能力和自我保护意识。

让孩子远离生活中的各种危险

为了保证孩子的身心健康和安全，使孩子顺利成长，家长应该从孩子幼年时就加强对他们的自我保护教育，培养和提高孩子的自我保护能力。

2008年，中国共有2万名青少年非正常死亡，其中留守儿童占据了很大一部分。近年来，关于留守儿童伤亡和被伤害的报道时常见诸报端。

2009 2月23日，广西南宁市宾阳县甘棠镇田陈村发生一起火灾，导致4名儿童死亡。其中，最大者7岁，最小者才4岁。

据报道，着火的稻草屋属于无人看管的房屋，平时堆砌有干柴、稻草等易燃物。火灾发生时，村民并未发觉有人在内，直到大火被扑灭后清理火场时，才发现了4具被烧焦的儿童尸体。4名遇难儿童中，有两人为农村留守儿童，父母均长年在广东打工，春节也未回家。孩子由祖辈代为管教，而祖辈时常缺乏精力看管，以致发生事故时也浑然不觉。

留守儿童，在这个名称的背后，是一个脆弱的群体，一种酸楚的生活状态。当他们最需要父母拥抱的时候，父母却为了生活，远离家乡，一年到头只能见上一两次面。父母的外出，使留守儿童无法得到细致的照料与关怀，面临着成长风险和安全隐患。事实上，近些年来，由于疏于监护，安全教育缺位等问题严重，留守儿童的安全事故居高不下。

儿童承载着未来，庞大的留守儿童群体同样如此，他们需要保护。

生活中，处处隐藏着诸多不安全因素。在家或出行，孩子都可能会遇到水、火、电、煤气及交通事故的威胁。让他们远离生活中的各种危险，是家长们的责任，更是全社会的责任。为了保证孩子的身心健康和安全，使孩子顺利成长，家长应该从孩子幼年时就加强对他们的自我保护教育，培养和提高孩子的自我保护能力。

一、溺水自救方法

家长应告诉孩子，游泳时万一溺水，切莫慌张，应保持镇静，积极自救。如果是肢体抽筋，可采取下列自救方法：

1. 若是手指抽筋，可将手握拳，然后用力张开，迅速反复多做几次，

直到抽筋消除为止。

2. 若是小腿或脚趾抽筋，先吸一口气仰浮水上，用抽筋肢体对侧的手握住抽筋肢体的脚趾，并用力向身体方向拉，同时用同侧的手掌压在抽筋肢体的膝盖上，帮助抽筋腿伸直，大腿抽筋，可同样采用拉长抽筋肌肉的办法解决。

3. 家长还需让孩子掌握以下游泳安全要点：

（1）下水时切勿太饿、太饱；饭后一小时才能下水，以免抽筋；

（2）下水前试试水温，若水太冷，就不要下水；

（3）若在江、河、湖、海游泳，则必须有伴相陪，不可单独游泳；

（4）下水前观察游泳处的环境，若有危险警告，则不能在此游泳；

（5）不要在地理环境不清楚的峡谷游泳。

二、火灾自救方法

家长务必告诉孩子防火的相关常识，教育孩子不要玩火，不玩弄电器设备；使用中发现电器有冒烟、冒火花、发出焦糊的异味等情况，应立即关掉电源开关，停止使用。

当火灾发生时，谨记如下自救方法：

1. 争取从楼道逃生。先用手背碰一下金属的门扶手，看它烫不烫，或打开一条门缝，看看外边是否有烟进来。若门扶手不烫手或无烟进来，说明可从楼道走出。切记开门观察外面动静时，一定要用脚抵住门的下方，然后再打开一条小缝，以免门外的热气流把门冲开。

2. 若楼道已浓烟滚滚，则考虑从窗户或阳台逃生。发现楼道已充满浓烟，要迅速将门关好。如果楼层不高，或楼下有承接的物体，可考虑从窗户跳下。也可把被单等随手可拿的东西连结成长绳，拴系在结实的东西上，沿绳爬下。若需破窗逃生，可用椅子砸碎玻璃，把散落的玻璃碎片弄掉，再爬出。

3. 若楼层较高，以上办法不行时，可考虑向外求救。求救前，用大的容器从卫生间取水，把水泼在木门上，阻止大火的蔓延。用湿布填堵门缝，以免浓烟烈火从门缝中钻进。若房间已充满浓烟，可用湿毛巾掩住口鼻，在地上爬行。因为浓烟由上往下扩散，越接近地面，越容易呼吸，视野也开阔些。这时可到阳台或打开窗子向街上的人求救。若街上的人听不到呼救声，可拿鲜艳的、大块的床单衣物不断挥动求救。也可将这些东西不断地扔下去，直到引起下面的人注意到了为止。

4. 切记不要使用电梯，以免突然断电被困在电梯里。

5. 如果发现火灾发生，最重要的是报警，这样才能及时扑救，控制火势，减轻火灾造成损失。火警电话的号码是 119。这个号码应当让孩子牢记，在全国任何地区，向公安消防部门报告火警的电话号码都是一样的。

三、交通安全知识

家长要从思想上高度重视孩子的交通安全问题，切实负起对孩子的管教重任。大人要当好榜样、做好表率，带头遵守道路交通法。教孩子充分认识公路上的危险性，掌握简单交通安全基本常识，使孩子从小养成文明、守法地参与交通的习惯。

1. 让孩子记住指挥灯信号的含义

（1）绿灯亮时，准许车辆、行人通行；

（2）红灯亮时，不准车辆、行人通行；

（3）黄灯亮时，不准车辆、行人通行，但已超过停止线的车辆和已经进入人行横道的行人，可以继续通行；

（4）黄灯闪烁时，车辆、行人须在确保安全的原则下通行。

2. 让孩子谨记行人必须遵守下列规定

（1）须在人行道内行走，没有人行道的，须靠边行走；

（2）横过车行道，须走人行横道；

（3）不准穿越、倚坐道口护拦；

（4）不准在道上扒车、追车、强行拦车或抛物击车；

（5）列队通过道路时，每横列不准超过 2 人。儿童的队列，须在人行道上行进。

3. 家长需特别提醒孩子：横穿马路，可能遇到的危险因素会大大增加，应特别注意安全。

（1）穿越马路，要听从交通民警的指挥；要遵守交通规则，做到“绿灯行，红灯停”。

（2）穿越马路，要走人行横道线；在有过街天桥或过街地道的路段，应自觉走过街天桥或地下通道。

（3）穿越马路时，要走直线，不可迂回穿行；在没有人行横道的路段，应先看左边，再看右边，在确认没有机动车通过时才可以穿越马路。

（4）不要翻越道路中央的安全护栏和隔离墩。

（5）不要突然横穿马路，特别是马路对面有熟人、朋友呼唤，或者自己要乘坐的公共汽车已经进站，千万不能贸然行事，以免发生意外。

4. 教会孩子骑自行车时，必须注意的安全事项

（1）要经常检修自行车，保持车况完好。车闸、车铃是否灵敏、正常，尤其重要。

（2）自行车的车型大小要合适，不要骑儿童玩具车上街。也不要人小骑大型车。

（3）不要在马路上学骑自行车；未满 12 岁的儿童不要骑自行车上街。

（4）骑自行车要在非机动车道上靠右边行驶，不逆行；转弯时不抢行猛拐，要提前减慢速度，看清四周情况，以明确的手势示意后再转弯。

（5）经过交叉路口要减速慢行，注意来往的行人、车辆；不闯红灯，遇到红灯要停车等候，待绿灯亮了再继续前行。

（6）骑车时不要双手撒把，不多人并骑，不互相攀扶，不互相追逐、打闹。

（7）骑车时不攀扶机动车辆，不载过重的东西，不骑车带人，不在骑车时戴耳机听广播。

5. 家长还应该教给孩子一些交通遇险的自救方法。如果发生了交通意外，应该让孩子知道立即拨打122交通事故报警台，报告事故发生的确切时间、具体地理位置，以利于医疗救护人员和交通警察及时赶到现场。

温情小贴士

加强对“留守儿童”的安全教育，需要家庭、学校、社会三方面的通力合作。

首先，学校、幼儿园在做好安全管理工作的同时，应当加强安全教育，培养“留守儿童”相互关心、爱护和尊重的品德，引导他们做一些有益的游戏，远离危险。

其次，在家看护“留守儿童”的成年人要切实负起责任，尽可能避免“留守儿童”脱离监护。

再次，各级政法部门应与教育机构或者其他有关部门配合，定期或不定期地协助他们对“留守儿童”进行安全警示教育，以保护这一特殊群体健康成长。

谨防孩子误入“人贩子”的拐卖陷阱

为了不让类似的家庭惨剧更多地“上演”，家长有责任确保儿童的安全，防止孩子误入人贩子的拐卖陷阱。

每到放学的时候，宁宁总会对那些有父母接送的同学投以羡慕的目光，他是多么渴望像其他孩子那样，每天放学后都能见到自己亲爱的爸爸妈妈。可他是个留守孩子，他的父母远在千里之外的城市打工，所以，爸妈接放学这件事对宁宁而言，简直就是一个难以实现的梦。

这天放学后，宁宁像往常一样独自回家，当她走到半路的时候，迎面走来一个阿姨，冲他笑眯眯地问道："小朋友，你怎么一个人回家呀？"

"我爸妈在外地打工，我和我奶奶一起住，奶奶老了，所以不能接我放学。"宁宁如实地答道。

"哦，是这样呀。你真乖、真懂事，阿姨就是喜欢你这样的孩子……对了，你喜欢吃巧克力吗？"那位阿姨温柔地说道。

"巧克力？"宁宁吞了吞口水，然后有些不好意思地答道，"喜欢，可……可我没钱买。"

谁知那位阿姨呵呵一笑，然后向宁宁招招手："我帮你买呀。来，我这就带你去买。"

想着马上有美味的巧克力可以吃，宁宁想都没想便尾随那位阿姨去买巧克力了。可这幼稚的孩子怎能想到，眼前这位慈眉善目的阿姨竟然是个人贩子，她专门在这一带拐带像宁宁这样留守家庭的孩子，宁宁是她盯了多日的"目标"。

哎，可怜的宁宁，就此落入了人贩子的"手中"，从此以后，他的命运将被彻底改写……

由于缺少父母监管，社会化的关爱体系不够，许多留守儿童成为不法分子侵害的目标，被拐卖的现象时有发生。被拐卖的大多数留守儿童最后被买主收养，成为买主家庭的一员。这些买主，要么是自己没有孩子，要么是有女儿没有儿子的，有浓厚的传宗接代、养子防老思想。被人收养是孩子最幸运的结果。其中有数量不少的孩子会在运输的途中，由于人贩子的粗劣喂养、运输条件恶劣而致死亡。另外一些孩子则处境凄惨，被人致残，弄到街头巷尾乞讨，成为摇钱树。很多丢失孩子的家长为找寻自己的儿女倾家荡产，并长年遭受精神上的折磨。为了不让更多类似的家庭惨剧“上演”，家长有责任确保儿童的安全，防止孩子误入人贩子的拐卖陷阱。

下面，将告诉父母和临时监护人一些防止留守孩子被拐卖的注意事项：

1. 让孩子放学就回家，尽量结伴而行，不要在外面逗留；如果孩子小，父母尽量接送孩子上下学。最好跟孩子的老师保持联系，跟老师说好，孩子由父母专门接送，任何人没有经过孩子家长的同意，不能随便将孩子接走。

2. 告诉孩子不要轻信陌生人，不管陌生人说什么，都不要跟陌生人走。

3. 即使是孩子曾经见过的人，也要告诉孩子不要轻信他。

4. 孩子不要接受陌生人给的食品、饮料或玩具。

5. 教会孩子自我保护，让孩子学会随机应变，这样一旦遇到危险，孩子可以自救。

6. 假期的时候，孩子外出要有同伴，切不可单独外出，要告诉家长去的具体地方以及回来的大致时间；如果是出远门，要有家长陪同。

7. 孩子独自在家的时候，应该和家长保持电话联系，同时做到：锁好门，没有家长的特别关照，不给陌生人开门，无论是谁，都让他等家长回来再来。如果来人纠缠不休，孩子就应该马上警惕起来，首先要报警，然后打电话告诉父母。如果孩子太小，就尽量不要让他独自在家。

8. 平时给孩子一些零钱，以备不时之需。

9. 带孩子外出时，要看好孩子。带孩子上街，家长切不可因为忙于购

物而忽略了孩子，要紧紧地看着自己的孩子。如果可能的话，就尽量不要带太小的孩子上街购物，以免不法分子趁机把你的孩子骗走。带孩子乘坐长途汽车、火车或飞机的时候，更要看紧，不要让孩子在车厢里乱跑，以免引起不法分子的注意，同时要对故意跟你搭讪的陌生人保持高度警惕；如果是一个人带孩子外出，临行前要保持充沛的体力，旅途中就不要睡觉，以免在你熟睡的时候，你的孩子被人偷走；要是两个人以上带孩子外出，就换班睡觉，一来照看孩子，二来看护自己的东西。

10. 告诉孩子，一旦和家长走散了，要找警察叔叔寻求帮助，或者就在原地待着不动，因为父母一般都会顺着原路找回来；这个时候千万不能相信任何人，不能跟任何人走，更不能相信陌生人带自己去找父母的谎言。

俗话说："水没来，先叠坝。"如果孩子不幸丢失了，广播、报警、追寻都是一些急救措施，然而关键还是事前对孩子进行一些观念上的预防，以下是中国人民公安大学王大伟教授教给广大家长的一些预防措施，家长在生活中要时常提醒孩子，让其记住被拐之后要注意些什么：

1. 让孩子学会跟歹徒斗智，而且要"多听多看记心间"。比如，自己走到哪儿了、大概在什么位置、听见了什么、看见了什么。

2. 跟坏人在一起的时候，让孩子尽量吃好喝好睡好，保持最佳的身体状态。有过一个真实的案例，犯罪分子把孩子绑架之后，孩子一会儿说自己饿了，一会儿又说自己渴了，一点儿都不害怕的样子。因为孩子的奶奶平时告诉他："咱们平时不惹事，但是有了事咱们不怕事，要该吃吃该喝喝。"就是因为奶奶的这句话，那个孩子在面对危险的时候仍能镇定自如，正常的饮食让他保住了体力。最后，警察来了，孩子得救了，被救出来的时候精神状态非常好。

3. 再有就是要"假痴装癫，不露锋芒"。如果歹徒问到家里的情况，比如，你爸爸是做什么工作的、是不是有钱人等等，孩子一定要装穷，不要把家里的具体情况跟歹徒讲太多。另外，孩子要尽量争取对方的“同情”，孩子可以跟对方聊天，比如问一些诸如“叔叔，你有孩子吗？你的孩子多大了”之类的问题。当然，这个要求对孩子来说有点高，可根据每个孩子的不同情况而定。

4. 要让孩子学会留下小标记，找到机会就要果断逃跑。在被劫持的路上，比如走到十字路口这些重要的地方，孩子可以将身上重要的物品扔出来，给搜寻自己的爸爸妈妈或者警察叔叔提供重要的线索，这是很重要的。

5. 最后，家长要教孩子学会“金蝉脱壳”。很多孩子都不会及时逃跑，家长一定要告诉孩子：一旦瞅准了机会，就要果断逃生。曾经有这样一个案例，犯罪分子把一个拐骗来的孩子放到三轮车上，然后仓皇逃跑。走到了一个红绿灯路口时，由于碰上了红灯，犯罪分子所骑的三轮车不得不停了下来。说时迟那时快，三轮车刚一停，孩子就“噌”地跳了下来，拔腿就跑了。而犯罪分子还没有来得及反应，只能眼睁睁地看着孩子“胜利大逃亡”。

温情小贴士

警方给家长们提出了7点“防拐”警示：

1. 孩子能说话时，教会孩子背诵家庭电话号码、所住城市和小区名、家庭成员的名字；

2. 教会孩子遇事打110电话求助；

3. 教会孩子辨认警察、军人、保安等穿制服的人员；

4. 教育孩子一旦在商场、超市、公园等公共场所与父母走失，马上找穿制服的工作人员；

5. 注意孩子身上一些明显的体表特征，如黑痣、胎记、伤疤等；

6. 如需聘请保姆，请到正规保姆介绍机构聘请保姆，保留好保姆的身份证复印件和清晰的生活近照；

7. 在医院不要把新生儿交给不认识的医护人员，睡觉时锁好房门；时常提醒保姆和家人提高防范意识。

预防校园暴力首先要抓好家庭教育。家长应当积极履行好监护责任，尤其注重培养留守孩子善良的人格、良好的道德品质和生活习惯，培养留守孩子的爱心，让孩子们学会给予和奉献，学会与他人和睦相处。

说起校园暴力，很多人会想到18年前周星驰主演的电影《逃学威龙》。在那部风云一时的影片中，有秀逗的老师、不寒而栗的校规、拉帮结派的同学，当然还有收保护费的、打群架的……俨然一个“校园江湖”。不过，那毕竟只是一部喜剧片，观众也是一笑了之。但是，如果现实生活中真有这样的“校园江湖”，谁还能笑得出来？

2007年4月9日，来自留守家庭的小明和小浩在“劲舞团”的游戏平台上“对战”，由于小明屡屡被小浩打败，小浩对小明的游戏水平表示“不屑”，不愿意跟小明继续“对战”，遂利用“房主”的特权，将小明“踢”出“房间”，双方为此发生口角。4月10日晚，双方矛盾激化，各自从网上召集网友约定在某网吧了结纠纷。4月11日凌晨3时许，小浩等3人与小明等6人发生斗殴，小浩用事先准备好的匕首向小明腹部连捅2刀后逃离现场。年仅17岁的小明经送医院抢救无效死亡。

同年6月20日，14岁的银川市某中学初一女生小静在放学回家的路上，被4名来自留守家庭的十六七岁的少女围殴达2小时之久，导致其鼻骨骨折，头、面部多处受伤。而出事的原因却仅仅是因为围殴少女们看小静不顺眼，认为小静看不起留守孩子。

校园是一方净土，然而近年来，校园暴力时有发生，有老师打学生的，有学生打老师的，有学生打学生的，也有校外人员进入校园闹事的，给宁静的校园蒙上了阴影。校园暴力已经成为侵蚀校园文化建设健康肌体上的一个毒瘤，并且这个毒瘤还在不断恶化甚至扩散。在众多的校园暴力事件中，不难发现留守孩子的身影。

多数的留守孩子因父母长期在外打工，他们感觉孤单，导致心理压力过大，行为孤僻，缺乏爱心，也缺乏交流的主动性。教育的缺失，管理的缺失，亲情的缺失，使留守孩子容易养成经常说谎、不服管教、迟到早退、打架斗殴等不良习惯；有的留守孩子甚至拉帮结派，参与校园暴力，而有的孩子则成为校园暴力的受伤者。

如果不及时制止“校园暴力”，对施暴者和受伤害者都会产生恶劣影响。首先，受伤害的孩子由于长期被欺负，自信心不足，喜欢逃避问题；其次，会对社会形成一种阴暗的看法，仇恨社会；第三，会通过攻击弱者，以寻求心理平衡；第四，会产生负面情绪，做恶梦、恐惧、失眠，进而出现身体疾病……这种心理阴影，会影响他们的世界观。

施暴者如果一旦形成习惯，就会走向反社会人格，不再会用和谐的方式解决问题，一味依靠武力，而且暴力容易“结团”，如果不及时制止，容易让青少年走上犯罪的道路。此外，校园的施暴者毕竟不被老师和广大的学生接受，他们被排斥的感觉，时间长了容易自暴自弃。

校园暴力是社会消极因素在青少年身上的一种反映，近年来之所以呈上升趋势，主要原因在家庭教育方面。因此，预防校园暴力首先要抓好家庭教育，家长应当积极履行好监护责任，尤其注重培养留守孩子善良的人格、良好的道德品质和生活习惯，培养留守孩子的爱心，让孩子们学会给予和奉献，学会与他人和睦相处。

那么，家长该采取什么措施教孩子远离校园暴力呢?

首先，家长要明确，思想正处于发育中的留守孩子看了什么样的书、什么样的影视作品，接触了什么样的人和事，对他们的世界观、人生观就会产生什么样的影响。要尽可能地保持与孩子的交流，要在一个适当的时候，用开放式的问题与他交谈。比如，“要是有好朋友约你逃课，你会去吗?”“你觉得谁是你心目中的英雄?”努力在一种轻松的气氛中，表达这样一种信息，大人不是想操纵你、把观点强加于你，只是想了解你、帮助你。只要孩子愿意坦诚地和家长交流意见、想法，那么家长的意见就会产生作用。

当然，孩子有时也会故意掩饰自己的某些观点，那么家长应在孩子日常表现上下功夫。比如，孩子是不是结交了新朋友？有没有逃学行为？最近情绪有没有变化？一旦有问题，那么一定要以开诚布公的方式与孩子交流，不能简单地限制和要求。

其次，要教育留守孩子学会自我保护。让孩子们学会勇敢，教育他们遇到暴力时要大胆沉着。当然，我们所倡导的“勇敢”绝对不是“以暴制暴”，决不是别人打我一拳，我就还人一脚，而是强硬、冷静、沉着、果敢，大声地说“不”和义正辞严地警告。具体说来，有以下几种方法：

1. 家长要告诉孩子，在威胁与暴力来临之际，首先告诉自己不要害怕。要相信邪不压正，终归大多数的同学与老师以及社会上一切正义的力量都是自己的坚强后盾，会坚定地站在自己的一方，一旦内心笃定，就会散发出一种强大的威慑力，让坏人不敢贸然攻击。

2. 让孩子大声地提醒对方，他们的所作所为是违法违纪的行为，会受到法律纪律严厉的制裁，会为此付出应有的代价。同时迅速找到电话准备报警，或者大声呼喊求救。

3. 如果受到伤害，一定要及时向老师、警察申诉报案。不要让不法分子留下“这个小孩好欺负”的印象。

总之，让留守孩子懂得勇敢地保护自己更加重要，家长应该注意培养他们自身摆脱困境、战胜暴力与威胁的智慧和能力。一句话，学会勇敢，会让孩子一生受益。

第三，在平时生活中，家长要有意识地让留守孩子多与社会接触，让他们独自处理一些稍微超出自身能力的事情。这样对培养留守孩子待人处事能力和坚韧的性格都有好处，从而避免与同学之间发生不必要的冲突。

据调查，容易参与校园暴力的留守孩子一般在班里比较强势，而且性格上有些桀骜不驯，容易敌视一般家庭的同学。想让这类孩子与同学和平

相处，家长就要从日常生活入手，尽量让孩子感受集体生活的氛围，明白只有宽容才能很好地与人相处。要培养孩子大度、包容的性格，避免让孩子形成单一个体的心理和惟我独尊的气质。

最后，对已经有了一些不良校园暴力行为的留守孩子进行教育时一定要慎重。在伤害同学的事件发生后，家长首先应该让孩子勇于承认自己的错误，培养起对自己行为负责的意识。不要一味护着孩子，要和孩子一起去面对同学的家长，用比较合适的方式化解矛盾、解决问题。

当孩子了解到受伤害同学和家长的痛苦、愤怒，以及给自己父母带来的不必要的麻烦时，自然会加深对后果的认识，从而在下次遇到同学矛盾时，能够用更理智的方式去处理。

温情小贴士

到底什么是校园暴力？目前，校园暴力尚没有一个统一明确的定义概念。通常我们都是通过媒体描述报道的具体事件来理解其意思。主要是指发生在学生当中的拦路勒索、敲诈、抢劫、殴打、欺辱等行为，通常伴随着暴力威胁的方式。

有专家认为，校园暴力可分为广义和狭义两类。广义的校园暴力是发生在校园内的，由教师、同学或者校外人员针对受害人身体和精神所实施的、达到一定严重程度的侵害行为。

狭义的校园暴力是指发生在校园或主要发生在校园中，由同学或校外人员针对学生身体和精神所实施的造成某种伤害的侵害行为。

如何防范校园暴力？

一位法制教育专家认为，首先，家长要关心留守孩子，和学校加强沟通，了解孩子的思想及活动；其次，家长要学会察言观色，一旦发现孩子遭受暴力仍默默忍受时，家长应及时解除孩子心理压力，并配合学校、公

安部门采取相应的防范措施；最后，家长要努力为留守孩子的健康成长创造一个良好的家庭氛围，要加强孩子自身修养，言传身教，帮助他们从小树立起积极、健康、向上的人生观，自觉远离不良现象。